Überall wächst was

Das Handbuch für kleine Bio-Gärtner

Liebe Mitmenschen,

als Kind hatte ich das Glück, im Garten meiner Großeltern meinen eigenen kleinen Garten zu haben. Ich habe Radieschen angebaut, Himbeeren geerntet und Karotten und Kartoffeln gezogen. Ich habe gelernt, wie Natur schmeckt, und mit allen Sinnen die natürliche Welt erfahren: Wie riecht der frisch umgegrabene Boden, wie fühlt sich die Erde vor und nach dem Regen an, wie wachsen die Pflanzen … Diese Erfahrung habe ich später in den Sommerferien auf verschiedenen Bauernhöfen vertieft. Damit habe ich einen Bezug zur Erde und den pflanzlichen Organismen aufgebaut.

Durch meine Erfahrung konnte ich lernen, dass Pflanzenwachstum immer auch eine Formverwandlung bedeutet und dass das ‚Lebendige' eine besondere Qualität hat.

Heute wissen wir, dass wir dem ‚Lebendigen' in unseren Handlungen nur gerecht werden, wenn wir die ‚Grundsätze des Lebendigen' kennen. Pflanzen, Tiere und Menschen sind Organismen. Auch die Erde ist ein lebendiger Organismus. Wir können in unseren Handlungen der Natur nur gerecht werden, wenn wir unser Denken verlebendigen.

In der Vergangenheit haben wir oft ein einfaches Ursache-Wirkungs-Denken benutzt, um zweckorientiert zu handeln. Die Folgen eines nur am Nutzen orientierten Handelns kommen heute in Form von Umweltbelastung und Erdzerstörung auf uns zu.

Wollen wir diese Situation ändern, müssen wir unser Denken grundsätzlich ändern. Nur wenn wir das ‚Prinzip des Organischen' begreifen, können wir im Einklang mit Natur und Kreatur handeln. Unser Denken vermögen wir dann zu verwandeln und weiter zu entwickeln, wenn wir als Menschen neue Erfahrungen sammeln.

Das Buch ‚Überall wächst was' liegt mir sehr am Herzen. Wir haben über zwei Jahre in einem ‚Kinder-Garten' mit Kindern und unserem Gärtner und Autor Ralf Lilienthal praktische Erfahrungsfelder für lebendiges Denken entwickelt. Das Ergebnis ist ein Buch, in dem die verschiedensten Anregungen zum Selber-Gärtnern für Kinder, aber auch Erwachsene zu finden sind.

Ich hoffe, dass damit viele Kinder neue Erfahrungen mit dem ‚Lebendigen' sammeln und mit ihrem ‚lebendigen' Denken die Welt in Zukunft sinnvoll gestalten werden.

Mit grünen Grüßen

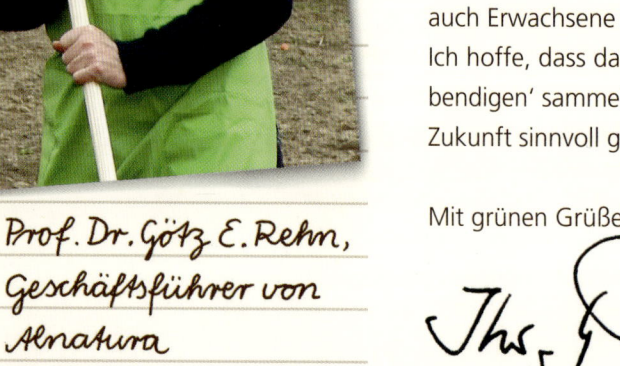

Prof. Dr. Götz E. Rehn,
Geschäftsführer von
Alnatura

Liebe Kinder,

dieses Buch zeigt uns, wie man natur- und umweltfreundlich gärtnert.
Um Blumen zu pflanzen oder Gemüse und Getreide zu säen, braucht ihr noch nicht mal einen Garten oder Balkon. Jeder kleine Pflanzkübel und jeder Blumentopf im Zimmer ist ein Garten. Das habt ihr vielleicht noch nicht bemerkt, aber es ist so!
Wenn man Pflanzen ordentlich pflegt, gewinnt man wieder neue Samen oder aber Früchte, die dann auch Saatgut hergeben. Gärtnern ist etwas Schönes, wenn man es kann und versteht.

Ich selbst habe an diesem Projekt mit-gearbeitet und fand die Zeit einfach toll! Es war zwar manchmal ganz schön anstrengend, aber ich habe selber auch nochmal viel dazugelernt.
Mein Tipp: Probiert das Gärtnern doch einfach mal aus!

Euch allen jetzt noch viel Spaß mit diesem Buch!

Eure Lina

Nele, Raja (5 und 4 Jahre),
Jonathan und
Wendelin (beide 6 Jahre)

Juri und Maria
(11 und 10 Jahre)

Benedikt und Lina
(10 und 9 Jahre)

Ralf Lilienthal
(Autor und Gärtner)

4 Inhalt

Herbst

Winter

Sie führen dich durchs Buch:

Der Zimmergärtner

Der Balkongärtner

Der Freilandgärtner

Nachschlagen im Register auf Seite 58/59!

Wie werden Möhren gemacht?

Wie Möhren gemacht werden? Dazu braucht es ein Stück Acker- oder Gartenland, Möhrensaat, Feuchtigkeit, Wärme und Sonnenlicht, gelegentliches Hacken – und nach ein paar Wochen oder Monaten graben wir ein Bündel Möhren aus. So werden Möhren gemacht und ganz ähnlich auch alle anderen Gemüse- und Obstsorten. Das ist das Einmaleins der Pflanzenproduktion.

Und lässt man Gift und Gülle weg, nimmt Kompost, Kräuterabsud und vielleicht auch noch die richtige Gestirnskonstellation hinzu, produziert man Obst und Gemüse in Bio-Qualität.

Wirklich? Was ist, wenn der Samen nicht keimt, wenn die Pflanze verkümmert, die Früchte verschimmeln? Was ist, wenn die Rechnung des Produzenten nicht aufgeht? Denn es gibt etwas, das sich der bloßen Anbau-Mechanik verschließt.

Das Leben! Jene geheimnisvolle Qualität, die aus steinharten, trockenen Samenkörnern alles das herauszaubert, was eine Möhre, einen Salat oder eine Himbeere ausmacht. Das Leben – dessen ungestörte und bestmögliche Entfaltung alle Mühen, Tricks und Kniffe der Gärtner und Landwirte zum Ziel haben.

Um dieses Leben (griechisch ‚Bios') geht es in unserem Buch. Wir sind der Überzeugung, dass ein Bio-Garten-Kinder-Buch vor allem ein handfestes Gefühl für die Geheimnisse des Lebendigen vermitteln sollte. Für die ganze erstaunliche Vielfalt der Pflanzen (und auch der Tiere).

Hingucken – und Tun

Wer mit seinen Kindern in den Garten geht, sollte nicht den Zeigefinger heben und sagen: „Du darfst nicht auf den Blumen herumtrampeln!" oder „Du musst den Pflanzen dankbar sein, weil sie uns satt machen, bekleiden oder unsere Öfen heizen!" Besser wäre es, den Zeigefinger wirklich zum Zeigen zu benutzen: „Guck mal da, wie komisch sich die Spitzen des Knoblauchs eingeringelt haben!" Oder: „Dort, der winzige Vogel, der wie ein Strich vom Reisighaufen in die Zweige der Ligusterhecke geflogen ist – das war ein Zaunkönig!" Und dass man den Zeigefinger zum Saatlochstechen benutzen kann oder – zusammen mit seinen anderen neun Kollegen – ebenso zum Umgraben, Ernten und zu hundert anderen Gartenarbeiten, die Spaß machen, das sollten wir unseren Kindern auch zeigen. Denn Beobachten und Staunen ist gut, darüber hinaus auch Planen und vor allem Tun ist am allerbesten.

Und wozu?

Wozu? Wissen und Können machen Spaß und brauchen kein Wozu! Ganz sicher ist aber, dass man am Ende weiß, ‚wie Möhren gemacht werden'. Weil man es gesehen hat und gefühlt und begriffen. Ob man dann noch immer achtlos mit Pflanzen und Tieren umgehen kann? Ausprobieren und abwarten ...

Postkarte 1

Hallo Jungs,

ich bin hier ganz im Süden Afrikas, in der Nähe ist das Kap der Guten Hoffnung! Große Sache! Schön warm hier, der Urwald und so. Aber du weißt ja, ich brauch nicht viel, um mich wohl zu fühlen. Ein bisschen Licht und Wasser, dann komme ich eigentlich überall klar.

Also,
lieben Gruß aus Südafrika

Deine Grünlilie

An
Benedikt Wendelin
Wasserfall 20c
33452

Regenrinne

Postkarte 2

Hallo Mania und Juri,

ja, ich bin wirklich in China - dunkle Gegend hier, viel Wald. Auch Wasser ist manchmal knapp. Macht mir aber nix. Habe mich längst dran gewöhnt. Wie sagen sie immer zu mir: „Du würdest sogar im Keller noch weiter wachsen." Besser so als zimperlich - oder?

Jedenfalls schöne Grüße aus Asien,

Deine Schusterpalme

An
Mania und Juri
Sturmböe 3
02345

Südwesten

Postkarte 3

Hallo Lina,

kennst du Korsika? Eine Mittelmeerinsel. Da bin ich gerade. Angenehmes Klima hier. Im Winter schön mild und feucht, im Sommer ganz hübsch warm und trocken. Du weißt ja, nasses Wetter mag ich nicht so. Mir wäre es am Liebsten, das Wasser käme immer nur von unten... aber man kann nicht alles haben.

Mach's gut, vielleicht sehen wir uns ja bald!

Dein Bubiköpfchen

An
Lina Zimmergärtner
Am Wäldchen 4a
45123

SONNENTAU

Ich will auch einen Garten haben!

Also dann, gehen wir in den Garten! Ihr habt keinen Garten? Stimmt nicht! Möglicherweise habt ihr einen Balkon? Ein paar Blumenkästen am Geländer, drei große Pflanzkübel auf dem Boden. Das ist ein Garten.

Habt ihr auch nicht? Und in der Wohnung? Einen Gummibaum in der Wohnzimmerecke, eine Aralie auf der Kommode, einen Kaktus im Bücherregal? Lauter kleine Gärten.

 Aber selbst wenn du bisher nicht einmal die allerwinzigste Pflanze in deinem Zimmer stehen hattest, bist du nur ein paar Minuten von deinem ersten Garten – einer Topfpflanze aus dem Blumenladen um die Ecke – entfernt.
Welche Pflanzen du kaufen sollst? Nicht zu viele, nicht zu empfindliche, und dann sollten sie auch noch möglichst interessant sein.

Aber bevor du losrennst, schau dich erst einmal in deinem Zimmer um. Knallt die Sonne den halben Tag auf das Fenster? Oder ist es kühl und schattig? Die Luft ist trocken? Die Tag- und Nachttemperaturen schwanken kaum?
Das sollte man wissen, bevor man einen grünen Gast aus dem heiß-feuchten Urwald, der trockenen Steppe oder dem bunten Blumengarten der Subtropen zu sich nach Hause einlädt.
Schließlich kommen unsere Zimmerpflanzen von weit her. Zum Beispiel aus Peru, Ceylon, Anatolien, Hawaii oder von den Kanarischen Inseln. So gesehen kannst du mit einer Handvoll Pflanzen jeden Tag auf Weltreise gehen.

Und wenn wir tatsächlich einen ‚richtigen' Garten beackern dürfen? Einen eigenen kleinen Nutz- und Ziergarten? Ein Stückchen Land, mit einem unübersichtlichen Durcheinander verschiedener Pflanzen darauf, das wir irgendwann im März in Pflege nehmen? Was jetzt? Womit soll man beginnen?

Mit einem ganz kleinen Beet! Besser, wir beackern drei Quadratmeter Gartenboden gründlich als dreißig Quadratmeter nur so ‚Husch-Husch'. Drei Quadratmeter Durcheinander – drei Meter lang, einen Meter breit – abgesteckt mit vier Haselnussstöcken und einer Schnur. Der Anfang unseres Nutzgartens.

Ärmel aufkrempeln und los

Und dann geht es zur Sache. Das ‚wilde Stück' Land hacken wir mit einer kräftigen Schlaghacke ab. Schon bald sehen unsere ersten drei Gartenquadratmeter tatsächlich wie ein Beet aus.
Eine halbwegs ebene, erdbraune Fläche, die weiter bearbeitet werden muss.
Leichte Böden lockern wir mit einem  *Grubber* auf, bei klumpiger Erde sollte man umgraben und auf trockenes und warmes Wetter bauen. Am Ende ziehen wir alles mit dem Eisenrechen glatt.
Und dann dürfen wir endlich pflanzen, stecken und vor allem säen.
Was zuerst? Den Anfang darf das Radieschen machen.
Die kleinen, scharfen Kugeln können von März bis September ununterbrochen gesät und geerntet werden. Wie das geht?
So: Das Saatbeet krümelfein lockern. Mit einer Schnur die Reihen markieren (15 cm Abstand lassen), **1** mit der Kante des Eisenrechens oder einem *Sauzahn* feine Rillen ziehen. **2** Aussäen – alle 3–5 cm ein Saatkorn. **3** Mit Komposterde oder etwas Sand bedecken. Mit dem Harkenrücken andrücken. Fertig!

Mein Garten-jahr

*Gartengemüse, Erdbeeren oder Salat – was pflanzt man wann?
Schau doch mal im Kalender am Ende des Buches nach.*

1

2

3

Braucht das Apfel-
bäumchen wirk-
lich einen Holz-
pflock? Jetzt noch
nicht, aber später,
wenn viele große
Früchte daran
hängen ...!

Und was ist...

...ein Busch?

Schwach wachsender Obstbaum,

der sich bereits etwa 50 cm über dem

Boden verzweigt.

...ein Halbstamm?

Mittelstark wachsend. Die Baum-

krone beginnt bei etwa 1,50 m.

...ein Hochstamm?

Stark wachsende Obstbaumformen.

Kronenansatz bei etwa 2 m.

Während die Zimmerpflanzen- und Freilandgärtner fürs Erste beschäftigt sind, wartet auch der kleine Balkon-gärtner auf Arbeit. Was könnte er so früh im Jahr machen? Stiefmütterchen, Primeln oder Tausendschön setzen? Sicher, warum nicht? Doch wer sagt eigentlich, dass auf den Balkon nur Balkonpflanzen gehören?

Ein Obstbaum auf dem Balkon?

Wie wäre es mit Pflücksalat, mit einer Johannisbeere oder gar mit einem Apfelbaum? Das geht. Wichtig sind dabei: ein großes Pflanzgefäß sowie lehm- und komposthaltige Pflanzerde. Halb- und Hochstämme werden zu groß. Am besten eignet sich für den Balkon ein tief unten verzweigter Buschobstbaum oder ein Exemplar der schlanken ‚Ballerina'-Apfelsorten.

Wie man pflanzt? Ganz einfach: Zuerst legen wir Steine oder Tonscherben über die Abzugslöcher des Topfes, dann, zur Drai-nage, eine Schicht Lavagranulat darüber. Etwas Erde einfüllen. Baumwurzeln kürzen. Baum zusammen mit einem etwa 2 m langen Holzpfahl so einsetzen, dass die knotige ☞ *Veredelungs-stelle* über die Pflanzerde hinausragt. Jetzt noch andrücken, anbinden und gründlich wässern – fertig!

 Wächst schon was? Wer zum ersten Mal ausgesät hat, darf ungeduldig sein! Immerhin zeichnen die feinen Radieschenkeime nach kaum vierzehn Tagen zwei feine grüne Linien auf unser kleines Beet. Tatsächlich, es wächst! Allerdings wächst rechts und links und kreuz und quer noch mehr: Grashalme, Löwenzahnblättchen und anderes, das wir weder gesät noch gepflanzt haben. „Das ist Unkraut", sagt der Nachbar, und irgendwie klingt das beinahe bedrohlich.

Die fürchterlichen Fünf

Und was macht man mit Unkraut? Ausjäten! Also zupfen wir an den kleinen Pflänzchen und stellen fest, dass viele von ihnen aus Wurzelstückchen gewachsen sind, die wir wohl beim Vorbereiten unseres Beetes übersehen hatten. ☞ *Wurzelunkräuter* – vor allem die ‚fürchterlichen Fünf' – müssen konsequent und regelmäßig entfernt werden, damit sie nicht unsere Gemüse- und Zierpflanzen bedrängen und schließlich überwuchern. Unser Werkzeug: Unkrautstecher, Handhacke und ein wachsames Auge.

Wilde Überraschungen

Doch selbst wenn wir alle Wurzelreste sorgsam entfernt haben, erscheint mit schöner Regelmäßigkeit der feine Flaum winziger Wildpflänzchen zwischen unserem Gemüse. Die Samen, aus denen sie gewachsen sind, hat vielleicht der Wind herangeweht, ein Tier fallen lassen oder unser Hacken und Lockern aus einem langen Dornröschenschlaf wachgerüttelt. Noch stören sie nicht. Erst in zwei, drei Wochen werden wir sie an einem warmen, trockenen Tag mit der flachen Hacke entfernen.

Weil wir aber neugierig sind und wissen wollen, was da in unserem kleinen Gärtchen von alleine wachsen will, werden wir ein klitzekleines Stückchen Gemüsebeet nicht bepflanzen und nicht hacken. Stattdessen warten wir einfach ab, was aus den kleinen Keimpflänzchen wird – wer weiß, vielleicht sind ja Überraschungen dabei!

Die Erdkröte

Eine andere Überraschung erleben wir an einem warmen Nachmittag Anfang April. Am Fuß der Buchenhecke sitzt, mit wild pulsierender Kehle, eine schwarzbraune Erdkröte und fixiert uns aus wunderschönen goldenen Augen. Ob man das warzige Wesen wohl etwas genauer beobachten könnte?

Und das sind sie:

① *Zaunwinde*
② *Giersch*
③ *Quecke*
④ *Ackerschachtelhalm*
⑤ *Hahnenfuß*

Mein Freilandterrarium

Wer noch Platz in seinem Garten hat, könnte es einmal mit einem Freilandterrarium versuchen. Eine großzügige Miniaturlandschaft ohne Deckel und Glaswände, in der sich unsere kleinen Zoogäste für ein paar Tage wohlfühlen, bevor wir sie wieder in die Freiheit entlassen.

Die ‚Konstruktion‘ ist denkbar einfach: Wir heben ein mindestens badewannengroßes Loch mit steilen Wänden aus und bepflanzen es mit ① Farnen, ② Moos und ③ Schattenstauden.

Ober- boden

Unter- boden

Mutter- gestein

Schopfgärtchen

Sind alle Pflanzen versorgt? Dann hast du vielleicht Zeit für ein kleines Experiment. Hier die Zutaten: eine flache Schale, Sand, Kies, Wasser und – Wurzelgemüse! Und so geht's: Wenn es zum Mittag mal wieder Möhren, Rote Bete, Pastinaken oder Wurzelpetersilie gibt, schneidest du mit einem Küchenmesser am oberen Ende des Gemüses etwa 3 cm dicke Scheiben ab, lässt sie zwei bis drei Tage offen liegen und antrocknen und legst sie dann dicht an dicht auf die mit einer Lage sauberem Sand bedeckte Schale.

Jetzt nur noch mit Zierkies bestreuen, feucht halten und warten, bis ein kleines Wäldchen feiner Blätter aus den Scheiben ausgetrieben ist.

Kies

Sand

Hallo Zimmergärtner, wie geht es deinen Pflanzen? Hungrige Hunde jaulen und durstige Kaninchen laufen aufgeregt im Stall hin und her. Pflanzen dagegen schweigen und kümmern still vor sich hin. Geh zu ihnen!

Lassen sie die Blätter hängen? Ist der Boden feucht genug? Oder viel zu nass und matschig? Gärtner müssen sich kümmern, damit ihre Pflanzen nicht verkümmern. Vor allem, wenn sie nicht im Freien wachsen, sondern im Haus oder auf dem überdachten Balkon. Denn die meisten Pflanzen brauchen nichts mehr als das Lebenselixier Wasser.

Wasser - nicht zu viel und nicht zu wenig!

Hier eine kurze Zimmerpflanzenwasserlehre für kleine Gärtner.

1. Nur wenn du weißt, woher deine Pflanze stammt, wie sie wächst und was sie zum Gedeihen braucht, kannst du auch wissen, wie viel Wasser sie benötigt. Also frag einen Gärtner oder mach dich in einem Zimmerpflanzenbuch schlau.

① **Halbverdurstete Pflanzen werden getaucht und pitschnasse Wurzelballen trockengelegt.**

2. Wie wird gegossen? Während Grünlilie und Königswein von oben und mit der Gießkanne gewässert werden, nehmen Bubikopf und Usambaraveilchen ihr Wasser über den vollgegossenen Übertopf auf. In beiden Fällen gilt: Wasser, das nach 1/2 Stunde noch im Übertopf oder Untersetzer steht, muss wieder abgegossen werden.

3. Bei Vertrocknungsgefahr hilft nur eine Radikalkur. ① Man taucht den ganzen Topf in einer Schüssel mit Wasser solange unter, bis kein Luftbläschen mehr aufsteigt.

② **4.** Nicht zu viel. Denn chronisch staunasse Pflanzen werden schlaff und ihre Wurzeln verfaulen. Was dann? ② Behutsam austopfen und den Wurzelballen in einige Blätter Küchenkrepp wickeln. Das Papier vollsaugen lassen und so oft wiederholen, bis der Ballen kein Wasser mehr abgibt. Dann topft man die Pflanze mit frischer Blumenerde wieder ein.

5. Manche Zimmerpflanzen brauchen hohe Luftfeuchtigkeit und ③ werden regelmäßig besprüht. Vorsicht: Viele Blüten vertragen kein Sprühwasser und müssen – zum Beispiel durch Vorhalten eines Blattes Papier – geschützt werden.

③ **Wer aus dem Urwald kommt, mag das Wasser auch von oben!**

Arbeitsgeräte für draußen und drinnen

Veilchen

Wenn die Sonne wieder länger scheint, hat auch der kleine Balkongärtner Hummeln in der Hose und begibt sich auf Expedition durch die Gärtnereien der Umgebung. Inzwischen weiß er, dass selbst auf ein paar Balkonquadratmetern so ziemlich alles wächst – zumindest eine Zeit lang. Also probiert er munter drauf los.

Zum Beispiel mit Stauden, also mit Pflanzen, die nicht verholzen, aber dennoch etliche Jahre grünen und blühen, auch wenn viele von ihnen im Winter welk werden und scheinbar absterben.

Veilchenduft und Asternblüte

Also, kleiner Balkongärtner, was darf's denn sein? Bunte Stauden, große und kleine, mit Blüten zu jeder Jahreszeit?

Veilchen sind schön. Am besten gräbst du sie in ‚Omas Garten' aus. Im Halbschatten vermehren sie sich von alleine munter weiter, denn ihre Samen werden von Ameisen überall hingeschleppt. So klein sie auch sind, der Duft von Veilchenblüten an einem milden Frühlingstag ist umwerfend.

Und wie wäre es mit Juni-Margeriten? Für den Balkon vor allem die Sorten mit den kürzeren, weniger windanfälligen Stängeln. Im Hochsommer wollen wir den Lavendel blühen sehen – getrocknet und in kleine Duftsäckchen verpackt ein nettes Mitbringsel für alle Fälle. Und im Herbst? Astern – rote, blaue oder weiße –, Stauden, die man leicht teilen kann und bei guten Freunden einfach ausgräbt.

Übrigens: ‚Gute Freunde!' – Auch als frischgebackener Balkongärtner hast du schon nach wenigen Monaten mehr als nur Lavendelsäckchen zu verschenken. Sobald deine Stauden kräftiger geworden sind, lassen sich einige von ihnen genau wie die Aster teilen und vermehren – zum Beispiel mit einem alten Brotmesser. In einen kleinen Topf pflanzen, anwurzeln lassen – fertig.

Der beste Balkonplatz

Wie die Feuerwehr wachsen unsere Stauden dann, wenn wir ihnen unseren besten Balkonplatz reservieren. Das ist ein größeres Pflanzgefäß im Halbschatten, gefüllt mit zwei Viertel biologischer Blumenerde, einem Viertel Sand und einem Viertel Kompost- oder ☞ *Maulwurfserde*. Wer dahinein seine Wunschstauden pflanzt und in den nächsten Monaten fleißig wässert und düngt, wird sein blaues, rotes oder gelbes Wunder erleben.

GLÜCKLICH AUF BALKONIEN

Komposterde

Sand

biologische Blumenerde

... und drinnen

34. kleines Messer
35. Gartenschere
36. Zimmer-
    thermometer
37. kleine Gießkanne
38. Zerstäuber
39. Draht und
    Schnur
40. Stäbe
41. Gitter
42. Anzuchtkasten
43. Folientüten
44. Anzuchttöpfe
45. Töpfe
46. Untersetzer
47. Gläser für
    Hyazinthen
48. Minigewächs-
    haus
49. Erden

draußen ...

1. Spaten
2. Grabegabel
3. Schaufel
4. Sauzahn
5. Grubber
6. Eisenrechen
7. Laubrechen
8. Besen
9. Zieh-Hacke
10. Pflanzkelle
11. Messer
12. Haushaltsschere
13. Rosenschere
14. Handsäge
15. Schubkarre
16. Kompostsieb
17. Feinsieb
18. Pflanzleine
19. Blumendraht
20. Stangen
21. Ringe
22. Gewächshaus
23. Pressplatten
24. Pikierstab
25. Etiketten
26. Schlauch
27. Gießkanne
28. Handschuhe
29. Kopfbedeckung
30. Pflanztopf
31. Torftopf
32. Maulwurfserde
33. Pflanzringe

 Dass es jetzt Tag für Tag mehr Frühling wird, lässt sich nicht nur am Kalender ablesen. Vor allem an warmen, sonnigen Tagen flügeln und flattern Insekten und Vögel durch unseren Garten. Schnecken kriechen über die feuchte Erde, und wenn wir Glück haben, züngelt die Blindschleiche hinter einem Kalksteinbrocken hervor.

Goldbraun glänzend, glatt und etwas plump ‚macht' die harmlose Eidechse ‚auf Schlange' – und handelt sich so manches ‚Iiihh' dafür ein. Sie ist leicht zu fangen – achtung, niemals am Schwanz anfassen! – und kann ohne Weiteres für einige Tage in deinem Erdterrarium einquartiert werden.

Lieblingsplätze

Ansonsten gilt, wenn du Tiere magst und beobachten willst, lade sie zu dir ein! Wie? Richte deinen Garten nach ihren Wünschen ein. Das Glühwürmchen mag feuchtes, altes Laub. Igel und Zaunkönig freuen sich über einen Reisighaufen. Der Molch braucht Wasser, der Zitronenfalter Faulbäume und der Admiral Brennnesseln – die Liste der tierischen Lieblingsplätze ist so lang wie der unendliche Garten der Natur selbst.

So viele Tiere und alle in meinem Garten!

Hier zwei Tier-Garten-Ideen für neugierige Steinanheber: Einfach, aber spannend ist das Platten-legen-um-drunter-zu-schauen-Experiment! Besorge dir ein paar große Natursteinplatten und lege sie irgendwo auf eine flache, unbewachsene Stelle. Fertig. Von jetzt an heißt es nur noch warten, aufheben und gucken! Was darunter zum Vorschein kommt? Schnecken, Würmer, Asseln, Käfer – am besten schaust du selbst nach.

Kleine Baumeister können sich auch an einer Beobachtungshöhle versuchen. So geht's: Eine Mulde ins Erdreich graben. Rechts, links und hinten ein paar stabile Steine auf gleicher Höhe einbauen. Eine größere Steinplatte obendrauf. Rundherum, bis auf einen kleinen Eingang, Erde anklopfen, ein paar Stauden in die Nähe setzen – das war's. Die Kröten werden sich freuen und wir, wenn wir den Stein anheben und sie sehen, auch. Übrigens spricht nichts dagegen, gleich ein ganzes Höhlensystem anzulegen. Viel Spaß!

Regenwürmer!

Ein Feuersalamander?
Vielleicht...

...Käfer (in verschiedenen Größen
und Farben)

Ein Tausendfüßler?

...die eine oder
andere
Spinne

Ein Frosch?

Eine Blindschleiche?

Aseln- ganz bestimmt!

... und Schnecken sicher auch.

Ameisen ...

... oder eine Maus?

Das Haus ist gebaut. Wer zieht wohl ein?

Pfeffer-minze

Guckst du noch immer nach deinen Zimmerpflanzen? Mach die Fingerprobe. Die Erde ist feucht, aber nicht quietschnass? Klingt so, als würdest du nicht allzu viel falsch machen. Denn ganz egal, ob eine Pflanze aus der Steppe, dem Dschungel, oder sonst woher in unsere Wohnung gekommen ist – irgendetwas fehlt immer. Der einen ist es warm genug, nur die Luft ist zu trocken. Im ungeheizten Schlafzimmer wird es im Winter für manche Pflanze zu kalt, im mollig warmen Kinderzimmer ist es für andere nicht kalt genug. Aber keine Sorge, es bleiben noch genug Pflanzen übrig, die bei liebevoller und aufmerksamer Pflege gut gedeihen.

Dünger nicht vergessen!

Für Wasser ist gesorgt. Um Dünger musst du dich noch kümmern. Am besten du kombinierst beides. Alle 10 Tage einige Spritzer biologischen Flüssigdüngers ins Gießwasser, umrühren und – lass laufen! Wem das zu bequem und einfach ist, kann es ja mit etwas ‚Dünger-Alchemie‘ versuchen und Kräuterteeblätter- reste auf dem Topfballen austropfen lassen.

und
Zitronen -
melisse

Nicht nur im ‚großen Garten' wird jetzt die erste Ernte ‚eingefahren'. Auch dem Balkon-Pflücksalat geht es nun an die Blätter. Geerntet wird alle paar Tage von unten nach oben – nur das Herz bleibt verschont. Das ergibt vielleicht keine vollständige Mahlzeit, aber einen stolzen Beitrag des kleinen Gärtners zur bunten Vitaminbeilage.

Balkongemüse

Und weil Ernten so schön ist, besorgen wir uns schnell noch Wurzelstockstücke von Pfefferminze und Zitronenmelisse. Die gehen immer! Irgendwo in einem Garten abstechen, Blätter zurückschneiden, in große Töpfe pflanzen (3/5 biologische Blumenerde, 2/5 Kompost) – spätestens zwei Monate später zupfen wir uns den ersten Becher Tee daraus zusammen.

Wer es auf seinen paar Luftgarten-Quadratmetern üppig mag, darf jetzt an die Aussaat von Kürbis oder Zucchini denken. Nach den Eisheiligen (ab 15. Mai) werden die frostempfindlichen Samen zu dritt in einen größeren Topf gelegt (3/5 Blumenerde, 2/5 Kompost).

Früher-Ernter säen bereits ein paar Wochen vorher in einen kleinen Topf im warmen Zimmer. Von den drei Sämlingen bleibt später nur einer stehen, mit den überzähligen füttern wir die Kompostwürmer.

Blattlauslöwenexpeditionen

Übrigens, kleiner Balkongärtner, warst du schon auf Expedition? Tiere suchen? Vier- oder Noch-Mehr-Beiner, die auf Balkonien leben, sollten klettern können, fliegen ist natürlich noch besser. Vielleicht haben wir die leuchtend grünen ① *Blattläuse* an den Spitzen des Apfelbaums ja schon als Eier mit der Pflanze nach oben getragen. Die ② *Marienkäfer* jedenfalls haben im Schwirrflug ganz alleine hierher gefunden.

Die possierlichen rotschwarzen Halbkugeln sind fleißige Blattlausjäger, bis zu 50 Pflanzensaftsauger werden von einem einzigen Käferlein täglich verputzt. Jetzt, im warmen Frühjahr, kleben sie ihre zumeist leuchtend gelb oder orange gefärbten Eier in kleinen Paketen an die Unterseite von Blättern und Nadeln. Und daraus schlüpfen dann Löwen! ③ *Blattlauslöwen*, schwarz und grell gefärbte, plumpe Larven, deren Appetit auf Blattläuse sprichwörtlich ist.

Übrigens: Blattläuse sind nicht nur Schädlinge und Marienkäferfutter – ihre Beobachtung selbst ist auch sehr spannend.

Vor allem im Gemüsegarten geht's jetzt im Galopp weiter. Die ersten Radieschen müssen raus. Wie schön! Denn selbst wenn dem kleinen Gärtner die roten Kugeln gelegentlich zu scharf sind, ein Körbchen selbst gesäter, gepflegter und geernteter Radieschen-Murmeln ist einfach ... umwerfend!

Und es kann so weitergehen, denn Radieschen-Nachsaaten sind, mit jeweils geeigneten Sorten, bis in den frühen Herbst hinein möglich (nur nicht Radieschen nach Radieschen).

Feuerbohnen und andere Gartenlieblinge

Was steht noch an? Möhre und Pflücksalat werden 👉 *vereinzelt.* 👉 *Vorgezogene* Kürbisse, Zucchini und Knollensellerie werden ausgepflanzt. Zuckererbsen mit Reisigstecken oder einem Drahtgeflecht gestützt. Und wenn es einige Tage lang trocken bleibt, schlägt zum ersten Mal die Stunde der Gießkanne. Zuerst bei Kohlrabi und Radieschen und dann, wenn es wirklich einmal zehn Tage steppentrocken sein sollte, alle anderen Kulturen – hier sind Beobachtung und Gefühl gefragt. Ausgesät wird auch. Chicorée, mit dem wir später etwas Geheimnisvolles vorhaben, und – endlich – Feuerbohnen, ein Liebling aller kleinen Gärtner! Warum? Weil die Feuerbohne klettert, dazu eine Stange braucht und man munter drauflos bauen kann. Eine Reihe Bohnenstangen nebeneinander oder zum Zelt zusammengebunden im Kreis oder je zwei und zwei gekreuzt in Reihe, samt einer Querstange obenauf. Ach ja, gesät werden immer 6–8 Bohnen je Stange.

Wer nicht hackt, muss gießen!

Haben wir etwas vergessen? Hacken! Wenn es trocken ist, schlägt man damit gleich zwei Fliegen mit einer Klappe. Einerseits entfernen wir so das Unkraut, bevor es unseren Pfleglingen über den Kopf wächst. Andererseits wird die feste Bodenkrume gelockert und regelrecht aufgebrochen. Der Effekt: Das bis dahin durch winzige Spalten aufsteigende Bodenwasser findet den Weg an die Luft nicht mehr – die Erde bleibt auch ohne Gießen länger feucht.

Sollte jemand von euch schon jetzt Erdbeeren im Garten haben, dann heißt es ab sofort: Stroh unter die kleinen Früchtchen packen. Das verhindert allzu leichtes Faulen. Und außerdem sieht das Grün und Gelb und Rot wirklich klasse aus!

Viel zu schön, um sie in der Erde zu verstecken: Feuerbohnen

Mut zum Ausprobieren?

Wer nach so viel Salatschüssel-und-Kochtopf-Gewächsen Lust auf bunt und blühend hat, sollte sich einen Arm voll Stauden besorgen. Auf den Etiketten steht etwas zu Sonne und Schatten, Blütezeit und Blütenfarbe. Und wie hoch die Pflänzlein werden, steht auch drauf. Du brauchst ein paar Quadratmeter Platz und Mut zum Ausprobieren: Gefällt nicht? Passt nicht zusammen? Im nächsten Herbst kann umgruppiert werden – Stauden machen das ohne Weiteres mit.

Aussäen – und essen!

Inzwischen ist der kleine Zimmergärtner leicht frustriert: „Alle dürfen säen, ernten und essen – bloß ich nicht!" Stimmt aber nicht. Aussäen im Zimmergarten geht gut, Ernten und Essen auch.

Ein Kräuterwäldchen

Schnell und lecker ist das Miniaturkräuterwäldchen aus Kresse- und Senfsaat. Du nimmst einen Porzellansuppenteller, legst eine Lage Küchenkrepp darauf und verteilst eine Portion Kressesamen darüber. Dann sprühst du das Ganze gründlich ein und stülpst einen zweiten Teller verkehrt herum darüber. Drei Tage später werden die übrigen Flächen mit Senf eingesät. Deckel wieder drauf. Gut feucht halten. Wenn die Pflänzchen etwa 1,5 cm hoch sind, Deckel runter und auf die Fensterbank stellen. Sind die Sämlinge kinderfingerlang, kannst du sie mit der Schere abschneiden, auf einem Quarkbrot oder über den Salat garnieren und schlemmen. Guten Appetit!

Gelber Senf und rote Kresse – wer will, kann damit auch Muster auf den Teller säen.

Andersherum geht übrigens auch

Wer erst essen und dann aussäen will, nimmt zum Beispiel Datteln, Orangen oder Avocados. 2–3 Dattelkerne in ein Gemisch aus Blumenerde und Sand (im Verhältnis 3:1) stecken, gut anfeuchten, den Topf in einen Klarsichtbeutel luftdicht einpacken, warm stellen. Wenn sich die ersten drei Blättchen gebildet haben, kommt der Beutel ab. Achtung knifflig, jetzt wird pikiert. Mit einem Pikierhölzchen lockerst du das Erdreich, hebst die Sämlinge vorsichtig heraus und pflanzt sie einzeln in einen kleinen Topf. Warm stellen, mäßig feucht halten. Mit ein wenig Glück wird eine echte Palme draus.

Auch Avocadokerne sind Samen. Um sie zu ‚knacken', brauchst du ein fast volles (Hyazinthen-)Glas Wasser und ein paar Wochen Geduld. Sobald sich einige kräftige Wurzeln gebildet haben, wird der Avocadospross in einen Topf mit Erde gesetzt.

Der Kompostplatz

Leben entsteht und vergeht, auch im Garten, und jeder Bio-Gärtner weiß, wegwerfen gibt's nicht! Ausgejätetes Unkraut, abgeschnittene Zweige und Blätter, Gemüse- und Obstabfälle gehören nicht auf den Müll, sondern auf den Komposthaufen, in den Kompostbehälter oder den Regenwurmwanderkasten.

Lege

Kompost-
sieb →

frischer Kompost

Zwischen-
stadium

Erde

Komposttonne

Was das ist? Ein Turbo-Tummelplatz für Würmer: Eine halbmetertiefe Grube, Mauersteine als Seitenwände, Ziegelsteine mit breiter Fuge auf dem Boden, in der Mitte halbiert durch Lochziegel, und obendrauf zwei wasserdichte Deckel. Frische Küchenabfälle und ein wenig Gesteinsmehl hinein, mit Kompostwürmern ‚impfen' und immer frisch befüllen. Ergebnis: bester Wurmhumus!

frische Küchen-abfälle

von Regenwürmern zersetzte Erde

Sommer-Sonnen-Nasch-Saison

Hallo Sommer-Sonne-Freilandgärtner, darf es einmal etwas richtig Kniffliges sein? Also los. Als Erstes suchst du im eigenen Garten oder bei netten Omas, Onkeln oder Freunden einen Rhododendron-Strauch. Der hat bestimmt irgendwo einen schon leicht verholzten, aber nicht allzu dicken Trieb mit einem Blattbüschel obendran.
Habt ihr ein scharfes Küchenmesser? Ja, dann wird es jetzt ein klein wenig gefährlich!

Abmoosen

① Du schneidest – vielleicht mit Hilfe eines Erwachsenen – den Zweig an zwei Seiten von unten nach oben etwa 1 cm flach an, klemmst je ein Haferkorn unter den Span, ② wickelst ein kleines pitschnasses Bündel Sphagnum-Moos (aus dem Blumenladen) drumherum und ③ knuddelst das Moos lichtdicht mit Alufolie ein. ④ Das Ganze mit einer festen Klarsichtfolie luftdicht einpacken. Und dann? Warten! Einen ganzen Sommer lang.
Wenn alles gut gegangen ist, packt man im Oktober einen schon in der Luft bewurzelten ⑤ *Miniatur-Rhododendron-Strauch* aus – zum Einpflanzen oder Eintopfen und vielleicht auch als Geschenk. Übrigens nennt man den kniffligen Spaß ‚Abmoosen', eine Vermehrungsart, die auch mit einigen Zimmerpflanzen funktioniert.

Ansonsten ist im Frühsommer immer noch und immer mehr Erntezeit. Möhren, Kohlrabi und Zuckererbsen – alles muss nach und nach ausgezogen, abgedreht und abgepflückt werden.

Abmoosen geht auch mit Weide, Ahorn, Magnolie oder Gummibaum – und so sieht's aus:

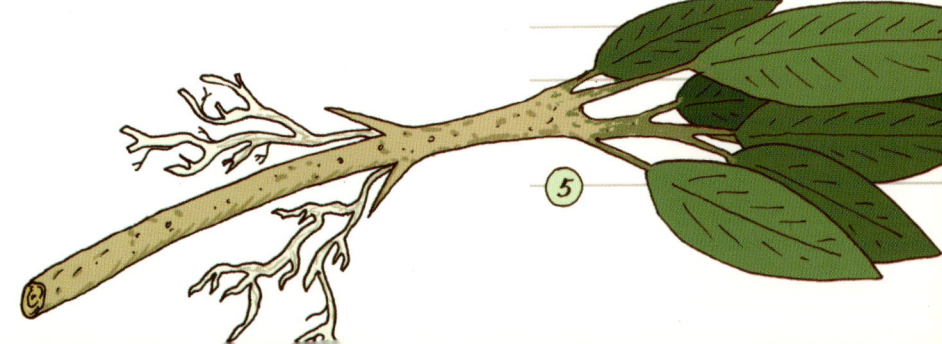

Die sehen
zwar aus
wie Tinte,
schmecken
aber gut:

blaue
Kartoffeln

„Können wir nicht mal einen ganz normalen Balkonblumen-
kasten bepflanzen?" Können wir. Nimm den Kasten und
füll 3 cm feinen Splitt hinein. Darauf schaufelst du so hoch
Blumenerde, dass die Pflanzballen deiner Balkonblumen
darauf stehen können und noch etwa 2 cm Luft bis zum Rand bleibt.
Hast du deine Geranien, Petunien oder Margeriten gut verteilt, wird
weitere Erde aufgefüllt. Dann die Pflanzen andrücken, noch etwas
Erde darauf (2 cm Gießrand!) – fertig.

Die meisten Balkonblumen sind pflegeleicht. Regelmäßig wässern, alle
14 Tage mit einem biologischen Flüssigdünger versorgen, gelegentlich
trockene Blüten abzupfen – Hauptsache, du pflanzt die Sonnenkinder
nicht in den Schatten und umgekehrt.

Bei Pflanzenampeln, also bei Töpfen, die an der Decke oder an einer
Seitenwand befestigt werden, gehst du genauso vor. Wichtig ist
dabei eine Gießkanne mit langer Tülle, denn das Überkopf-und-auf-
Zehenspitzen-Gießen ist auch so schon schwer genug.

Bratkartoffeln aus dem Blumentopf?

Wer lieber etwas zum Naschen mag, kann ohne weiteres Tomaten in
den Blumenkasten, Erdbeeren oder Bohnen in die Ampel pflanzen.
Neugier und Experimentierfreude sind gefragt, selbst wenn die Ernte
am Ende eher bescheiden ausfällt.

Übrigens geht es auch üppig! Kartoffeln für das Mittagessen von
Vater, Mutter und zwei Kindern? Mit dem Kartoffeleimer kein Problem.
Ein großer Blumentopf, ein Blumenerde-Kompost-Sand-Gemisch
(im Verhältnis 3:2:1), 2–3 Setzkartoffeln und immer mäßig feucht
halten – dann klappt's fast immer.

Möhrentrolle

Nicht üppig, aber witzig sind die Möhrentrolle. Auch sie gedeihen im
Topf, obwohl ihnen der kleine Balkongärtner buchstäblich Steine in
den Weg gelegt hat. Daran stoßen die ausgesäten roten Wurzeln auf
ihrem Weg in die Tiefe, daran müssen sie vorbeiwachsen.

Was am Ende, wenn die Wurzeln dicker werden, dabei herauskommt?
Ziemlich knorrige Gestalten – wie die Trolle der nordischen Sagenwelt.

Lockstoffe für Schmetterlinge

Mit etwas Glück besuchen uns auf unserem Balkon Wesen, die gar
nicht knorrig sind, sondern luftigleicht und papierdünn – Schmetterlinge, Tagfalter genauer gesagt. Natürlich müssen wir sie herbei rufen
und ihnen den Tisch bereiten. Blütenpflanzen wie Bartnelke, Skabiose,
Blaukissen und vor allem der Sommerflieder locken mit Nektar.
Senf, Kresse und eine irgendwo ausgegrabene Brennnessel sind Weide-
flächen für die nimmersatten Raupen. Und auf vergorenes Obst
scheinen die bunten Gaukler auch zu fliegen.

So 'ne Viecherei!

Während Balkon-Tierbesuch oft etwas Besonderes ist, weiß
der kleine Freilandgärtner im Sommer oft gar nicht, wohin
er zuerst gucken soll, wenn er auf Insektensafari geht.
Überall sehen wir die Winzlinge jagen und fliehen, sammeln,
saugen oder graben – vorausgesetzt, wir gehen in die Knie und nehmen
ihr geheimnisvolles Leben ernst.

Spinnenbein und Bienenflügel

Kennst du Krabbenspinnen? Mit ihren langen Vorderbeinen sehen sie
wirklich aus wie Miniaturkrabben. Farblich mit ihrer Umgebung ver-
schmolzen, sitzen sie auf den Blüten der Gartenpflanzen und lauern
auf nektarsammelnde Blütenbesucher. Selbst Wespen und Bienen
werden von den Kiefern der Krabbenspinnen gepackt und solange um-
klammert, bis die Injektion des Spinnengiftes ihre Wirkung entfaltet.

Ein Schicksal, das zum Glück nur wenigen Bienen droht. Gottseidank!
Schließlich gäbe es ohne Bienen keinen Honig und sehr viel weniger
Obst-, Heil-, Gewürz- und Zierpflanzen.
Denn während die sprichwörtlich fleißigen Tiere unentwegt von Blüte
zu Blüte fliegen und Nahrung für ihre Larven sammeln, bestäuben
sie ganz nebenbei Apfel-, Sonnenblumen- oder Zuckermais-Blüten und
sorgen für reiche Ernte.
Wer den Brummern etwas Gutes tun will, wählt seine Pflanzen danach
aus, ob sie als Nektar- oder Pollenspender ergiebig sind. Bei Thymi-
an, Rotklee und Phacelia ist das offensichtlich, ihre Blüten werden an
schönen Tagen regelrecht umschwärmt. Genauer hinschauen muss
man, wenn man die Bienen zu Besuch bei Stachelbeere oder Borretsch
beobachten möchte.

Zwischen-Gräsern-Käschern
ist ein Gartenabenteuer
voller Überraschungen:
Einfach kreuz und quer über
die Pflanzen streifen (bitte
keine Schmetterlinge jagen!),
vorsichtig zusammengreifen
und den Fang in eine Becher-
lupe ausstülpen.
Was wimmelt in unserem
Garten? Ein Bestimmungs-
buch hilft weiter.

Im Zimmergarten ist jetzt Vermehrung angesagt. Was das heißt? Aus *einer* Pflanze *viele* Pflanzen machen. Klingt schwierig, geht aber manchmal ziemlich leicht. Zum Beispiel bei der Grünlilie. Die bildet schon in jungen Jahren fädige weiße Triebe, an denen dann kleine  Kindel-Pflänzchen wachsen, die schon in der Luft erste Wurzeln bilden. Die schneidet der kleine Zimmergärtner mit einem Messer ab, steckt sie 2–3 Wochen lang in ein Glas mit Wasser und pflanzt sie danach in einen Topf.

Dutzendweise Pflanzenbabys

Bei der Kalanchoe ist es noch verrückter. Am Rand ihrer dickfleischigen Blätter wachsen zu Dutzenden winzige Pflänzchen, die bei der leisesten Berührung abfallen und oft im gleichen Topf wieder anwachsen. Man kann diese Brutpflänzchen leicht abnehmen und gleich zu Mehreren in die Erde eines Miniaturgewächshauses hineindrücken. Nach einigen Wochen hat sich ein kleiner Wurzelballen gebildet. Drei Kalanchoe-Babys in einen Miniaturtopf gepflanzt ergeben später eine buschige Pflanze – und ein gutes Mitbringsel!

← Vermehrung beim Brutfarn: Blattwedel abschneiden, Kindelpflänzchen abtrennen und einpflanzen.

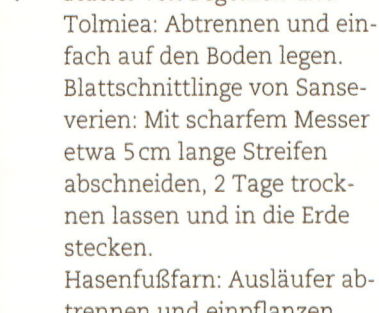

← Blätter von Begonien und Tolmiea: Abtrennen und einfach auf den Boden legen. Blattschnittlinge von Sanseverien: Mit scharfem Messer etwa 5 cm lange Streifen abschneiden, 2 Tage trocknen lassen und in die Erde stecken. Hasenfußfarn: Ausläufer abtrennen und einpflanzen.

← Kalanchoe: Vermehrung wie im Text beschrieben.

Mal eine ganz exotische Frage...

 „Darf man als Bio-Gärtner eigentlich auch nicht einheimische Pflanzen kultivieren?" Wenn der Bio-Gärtner ein Kind (geblieben) ist, dann kann man nur hoffen, dass er das tut! Warum? Weil aus Neugier Interesse wird, aus Interesse Zuwendung und, mit etwas Glück, aus Zuwendung sogar Liebe. Und die kommt dann bestimmt auch den heimischen Pflanzen zugute – im Garten und in freier Wildbahn. Freuen wir uns daher über alles, was die Gartenneugier der Kinder weckt.

Im Gartendschungel

Zum Beispiel nicht einheimische Pflanzen. Das können Nordamerikaner sein oder Japaner, Stauden oder Gehölze, die kalte Winter und milde Sommer gewohnt sind und die – von der Azalee bis zum Sonnenhut – längst überall in unseren Gärten wachsen.

Das kann aber auch ein wuchernder Miniaturdschungel sein, also ein nach den Spätfrösten im Mai bepflanztes, üppig wachsendes Beet aus lauter Südamerikanern oder Äquatorialafrikanern oder aus einer bunten tropisch-subtropischen Mischung von überall her.

Und im Winter?

Ein Sommerhalbjahr lang Bananenstauden aus Malaysia hinterm Haus (oder auf dem Balkon)? Fuchsien und Peperoni aus Ecuador? Fleißige Lieschen aus Tansania? Schokoladenblumen aus Kalifornien oder Zylinderputzer vom Kontinent ‚Down Under'? Das ist, mit einem guten Gartenlexikon, kein Problem.

Die Probleme kommen erst danach, wenn die Saison vorbei ist und die ersten Fröste drohen. Was tun wir dann mit unseren Dschungelpflanzen und sonstigen Exoten? Das ist ein Dauergewissensproblem für erfolgreiche Gärtner. Drei Lösungen: Keine frostempfindlichen Pflanzen setzen. Oder: ein helles, frostfreies Winterquartier für Banane und Co. finden. Und schließlich bleibt auch noch der Gang zum Komposthaufen, der kein Abfallhaufen ist, sondern ein Umschlagplatz für zukünftige Fruchtbarkeit.

① **Bananenstauden** brauchen viel Sonne und ausreichend Feuchtigkeit. Überwintern sollten sie in einem hellen, frostfreien Raum (bei etwa 10 °C).

Die in ihrer Heimat von Kolibris bestäubte **②** **Fuchsie** mag es halbschattig und eher feucht. Sie überwintert am besten drinnen neben der Banane und wird vor dem Neuaustrieb um ein Drittel eingekürzt.

Der bizarr blühende **③** **Zylinderputzer** wächst drinnen und draußen, braucht aber zwischenzeitlich Temperaturen zwischen 5 und 8 °C, damit er nach der Überwinterung wieder Blüten bildet. Kalkfreies Wasser verwenden.

Die **④** **Schokoladenblume** duftet tatsächlich wie Schokolade. Ihre Knollen werden im Herbst ausgegraben, gesäubert und frostfrei gelagert. Milde Winter überlebt sie auch auf dem Beet.

Die ⑤ **Peperoni** liebt die volle Sonne
und will regelmäßig gedüngt werden.
Die Farb- und Formenvielfalt der ess-
baren Früchte variiert so sehr wie deren
Schärfe: daher Vorsicht vor dem
‚Zungenfeuer' (auch Händewaschen
nicht vergessen!).

Und weil man in
einem richtigen
Dschungelbeet vor
lauter Dschungel
die Pflanzen fast
nicht mehr sehen
kann – hier sind
fünf von ihnen:

Pflanzen sammeln – und dann?

Gänseblümchen →

Skabiose →

Vergißmeinnicht →

Tausendschönchen →

Sammeln
und
Bestimmen

Blattform?

Blattrand?

Wuchsform?

Blütenfarbe?

31

Archivieren

Hirtentäschelkraut
Fundort: Wander-
parkplatz Sonnenstein,
am 25. Juni

Lavendel →

↑ *Frauenfarn*

Pressen

↑ *Scharbocks-
kraut*

Leberblümchen ←

Verschenken

↑ *Wiesenklee*

Blütenform?

Riecht gut,
schmeckt gut :
Salbei.

Wenn es um Südländer und Exoten geht, ist auch der kleine Balkongärtner in seinem Element. Denn: Was in seinem Gärtchen sonst ein Problem ist, wird plötzlich zum echten Vorteil – die Trockenheit! Nicht nur, dass seine Töpfe, Schalen und Kübel viel weniger lange das Wasser speichern. Allzu oft sind unsere Balkons so überbaut, dass wenig oder gar kein Regen die Pflanzen erreicht.

Ganz gleich, ob Orange, Zitrone, Bergamotte oder Kumquat, alle Mitglieder dieser Familie mögen es sonnig, warm und vor allem nur mäßig feucht. Tropfnasse Füße lassen sich durch eine Blumenerde mit hohem Lavagranulat-Anteil und vor allem durch behutsames Gießen verhindern (Regenwasser benutzen, denn Zitrusfrüchte mögen keinen Kalk). Wenn es sonnigwarm ist und sich die Mittelmeerpflanzen wohlfühlen, darf der kleine Balkongärtner sogar auf einige reife Früchte hoffen.

Duftimitatoren

Kein Platz für Orangen oder Zitronen? Macht nichts, wie wäre es stattdessen mit ein paar täuschend echten Duftimitationen? Zitronenthymian etwa ist klein, fein und findet in jedem Topf noch ein Plätzchen. Richtig verblüffend sind aber vor allem die Duftpelargonien. Ob Ananas-, Kiefer-, Kokos- oder Bitterorangen-Geruch – die Blätter der mit unseren Balkongeranien verwandten afrikanischen Pflanzen verblüffen mit einer Unzahl verschiedener Duft- (und Geschmacks-) Noten. Außerdem sind sie pflegeleicht, aus Stecklingen zu vermehren und geeignet für Tees oder Salate.

Die intensiv nach Zitrone duftenden Sorten halten sogar die abendlichen Balkonmücken fern.

 Auch im Juli geht es im Gemüsegarten hoch her. Es wird geerntet, was das Zeug hält. Märzmöhren und Aprilkohlrabi räumen nach und nach das Feld, die Zuckererbsen werden regelmäßig durchgepflückt, Steckzwiebeln aus dem Boden gezogen und zum Trocknen auf den Beeten liegen gelassen (danach kühl und trocken lagern).

Zucchiniblüten handbestäubt

Richtig spannend, aber ganz einfach: das künstliche Bestäuben der Zucchini- und Kürbisblüten. Wer selber Biene oder Hummel spielen will, nimmt mit Hilfe eines weichen Malerpinsels an einem sonnigen Tag den Blütenpollen einer ① *männlichen Blüte* und betupft damit vorsichtig die Narben der ② *weiblichen Blüten*.

Übrigens muss der kleine Feinschmecker nicht erst auf die Früchte warten, denn die großen, sattgelben Blüten lassen sich im frischen Zustand prima füllen und verspeisen. Pikant (zum Beispiel mit Frischkäse und Kräutern) oder süß (etwa mit einer Quark-Fruchtspeise) – das sieht gut aus und schmeckt!

Wer auch im Spätherbst noch reichlich Zucchiniblüten und -früchte ernten möchte, sollte jetzt noch einmal nachsäen.

männliche ① Blüte

weibliche Blüte ②

Jauche, juchu!

Und wenn wir in Zukunft immer wieder säen, pflanzen und reichlich ernten wollen, dürfen wir auch das Düngen nicht vergessen. Neben dem Hauptdünger des Bio-Gartens – frischer oder ausgereifter Kompost – kann der kleine Gemüsegärtner aus einer ganzen Alchemistenküche von Düngematerialien wählen.

Wobei das Zusammenbrauen von Flüssigdüngern – etwas anrüchig ‚Jauchen' genannt – gerade für Jungs zu einem großen Vergnügen ausarten kann. Die Zutaten dieser Zaubertränke? ① Ein größerer Eimer, reichlich Brennnessel- (Handschuhe anziehen!), Beinwell- oder gemischte Kräuterblätter, Regenwasser und ein Platz an der Sonne. ② Blätter klein stampfen und Wasser drüber gießen. Ein paar Tage stehen lassen, ③ gelegentlich umrühren. Das stinkt zum Himmel? Soll es auch, denn bei der Gärung werden die Nährstoffe freigesetzt, die unsere Pflanzen zum Wachsen brauchen.

Nicht nur was den Geruch betrifft verbessern wir unsere Jauchen durch den Zusatz von Steinmehl oder Baldrianblütenextrakt. Nach ein paar Tagen ist die Brühe dunkel verfärbt und wird mit Wasser vermischt (1 l Jauche auf 10 l Wasser) vor allem in den Wurzelbereich der ☞ *Starkzehrer* wie Kohl, Kürbis oder Mais gegossen.

Urlaub auf Balkonien? Es gibt Schöneres. Aber wenn man schon zu Hause bleibt, dann auch mit allen Schikanen. Zum Beispiel mit Wasser auf dem Balkon. Von winzigklein bis zu ,richtigen' Teichen. Winzig – das ist die Vogeltränke. Eine Tonschale, ein japanischer Bonsai-Keramiktopf – wenn wir im Winter füttern und im Frühling mit ein paar Würmern ködern, wird die ein oder andere Kohlmeise auch ihren Sommerdurst bei uns löschen.

Und größer?

Eine Blechwanne, ein Holzbottich – alles, was dicht ist oder mit Teichfolie dicht gemacht werden kann, geht.
Sand auf den Boden. 2–3 Pflanzen hinein, fertig. Geeignet sind alle Flachwasserpflanzen. Außerdem ,Freischwimmer' wie die kleinste Blütenpflanze der Welt, die Wasserlinse. Oder die Laichkräuter der Molche und Kröten (wie die Wasserpest), vorübergehend einige Kaulquappen – der Balkon-Ferien-Fantasie sind keine Grenzen gesetzt.

Mein Balkonteich mit Sumpfdotterblume, Sumpfschwertlilie und Tausendblatt. Und einem Kaulquappenschwarm zum Beobachten.

Strandurlaub am Miniteich!

„Und wenn wir in Urlaub fahren – wer kümmert sich dann um meine Zimmerpflanzen?" Du selbst, mit einem Trick. Dazu brauchst du einen Sockel und ein größeres Gefäß als Wasserturm, Wollfäden als Wasserleitung. Und einen geeigneten Platz möglichst im Halbschatten. Den ‚Wasserturm' stellst du in die Mitte und deine Pflanzen drum herum. Jeweils ein Ende der Wollfäden im Wasser verankern, die anderen Enden mit einem Kieselstein beschwert in die Erde der Topfpflanzen versenken. Aber bitte vorher ausprobieren, denn nicht jeder Wollfaden eignet sich zum Wassertransport!

Ein Garten im Glas

Keine Urlaubsprobleme haben kleine Zimmergärtner mit Unterwassergärtchen. Womit? Mit Aquarien! Denn wer sagt schließlich, dass Pflanzen nicht auch Unterwasser-Hauptrollen spielen dürfen. Oder wie wäre es mit einem Miniaturdschungel? Ein Terrarium mit Glasdeckel, ein Bodengemisch aus Pflanzerde und Lavagranulat. Dazu Steine und Wurzeln. Eine Handvoll Farne, Bromelien und andere Tropenpflanzen.
Pflege? Regelmäßig lüften, mäßig wässern.
2–3 Urlaubswochen sind da kein Problem.

Wasser marsch!
So sind meine
Pflanzen alle
gut versorgt.

*Ungewöhnlicher
Gast* in meinem
Moosgärtchen:
ein Bergmolch*

*Wächst rasen(d)
schnell...*

* Bitte keine Tiere in deinen

Minigarten einsperren.

Vielleicht kommen sie ja von

alleine zu Besuch!

Bei kleinen, feinen Minigärten kann man durchaus auf den Geschmack kommen. Gerade wenn man – wie der kleine Balkongärtner – wenig Platz, aber viel Lust am Ausprobieren und Experimentieren hat. Ganze Landschaften können so entstehen, Berge, Wüsten, Wiesen und Wälder. Wie gesagt im Miniformat. Beispiele? Bitte sehr!

Balkonminiaturen

Wie wäre es mit einem Steingarten? Man nehme: eine flache Schale, mageren Boden (viel Sand, etwas Blumenerde und je nach Bedarf Kalksplitt für kalkliebende Pflanzen und Lavagranulat für alle anderen), Steine von groß bis klein. Und höchstens ein halbes Dutzend flachwachsende Pflanzen, die es trocken und sonnig mögen und die zu verschiedenen Jahreszeiten blühen. Vorsicht, nicht nass werden lassen!
Oder darf es ein eigener Golfrasen sein? Na ja, Rasen reicht auch. Wie gehabt eine flache Schale, Blumenerde mit Sand (2/3 Erde, 1/3 Sand). Rasensamen draufsäen. Mit einer Maurerkelle oder Ähnlichem andrücken. Feucht halten. Austreiben lassen. „Und wie mähe ich meinen Balkonrasen?" Mit einer Haushaltsschere!
‚Wald' geht auch, allerdings nicht lange. Du benötigst: ein etwas tieferes, großflächiges Pflanzgefäß. Blumenerde und Sand wie beschrieben, aber mit Hilfe von kantigen Steinen zu einer Weinberglandschaft gestuft. Und dann Aussaaten von verschiedenen ‚langbeinigen' Einjahrespflanzen wie: Bohnen, Sonnenblumen, Senf oder Lupine. Entweder getrennt auf verschiedenen Höhenstufen. Oder wie ein Mischwald durcheinander.

...in allen Variationen

Und selbst vor Extremen wie der Steppe oder Wüste braucht man keine Angst zu haben. Neben einer flachen Schale und sandigem Boden (Kakteenerde!) benötigt man Pflanzen, die den Winter überstehen und trotzdem so aussehen ‚als ob ... ': feinhalmige Gräser, winterfeste Kakteen, bizarre Steppenkerzen oder ein Magerrasen aus goldgelbem Mauerpfeffer.
Oder: bemooste Steine in einem flachen Wassergefäß. Ein morsches Stück Holz, aus dem die ersten Pilze sprießen. Landschaften ohne Ende für kleine Gärtner mit Fantasie.
Und wer ein wirklich großflächiges Pflanzgefäß hat, kann die verschiedenen Landschaftsformen sogar miteinander verbinden – es muss ja nicht unbedingt noch eine Modelleisenbahn hindurchfahren. Oder vielleicht doch?

Graseule

Nachts im Garten ...

Trägspinner

Nachtpfauenauge

Spätestens im August sollten alle kleinen Gärtner auch einmal nachts in den Garten gehen (oder in den Park). Warum? Aus vielen Gründen.

Weil es erstens während der ‚Hundstage' von Ende Juli bis Ende August besonders warm, schwül und im Haus kaum auszuhalten ist. Weil zweitens um diese Zeit besonders viele Sternschnuppen zu sehen sind. Weil drittens die nächtlichen Düfte von Gemshorn, Wunderblume und anderen Pflanzen geradezu atemberaubend um die Nasen ziehen. Weil man viertens einmal im Leben das kaum eine Stunde dauernde Zeitraffer-Aufblühen der Nachtkerze beobachtet haben sollte. Weil man fünftens Fledermäuse (und Eulen!) nicht nur als Gruseltiere, sondern als geheimnisvolle Jäger der Nacht kennen sollte. Weil man siebtens alle möglichen anderen Tiere wie Igel, Maus und Fuchs in den Lichtkegel seiner Taschenlampe bekommt. Weil man achtens ... ach was, es gibt so viele Gründe nachts im Garten zu sein, dass man an gar kein Ende kommen kann, wenn man sie alle aufzählen will.

Spreizflügelfalter

Worauf Nachtfalter fliegen

Vielleicht noch einen letzten, etwas ausführlicheren Tipp: Lasst uns Nachtfalter anlocken! Die erste Methode geht nicht ohne die Mithilfe eines Erwachsenen. Er muss für euch einkaufen gehen, denn für Nachtfalterduftköder braucht man eine Mischung aus 1/4 l Rotwein, 1/8 l Bier und 250g Zucker. Alle Zutaten werden vermischt, in eine gut schließende Glasflasche gefüllt und einige Wochen stehen (und stinken) gelassen.

Entweder man nimmt Wollfäden, die sich in der Brühe vollgesogen haben und hängt sie (kurz vor Einbruch der Nacht) in einen Strauch, oder man verteilt die vergorene Flüssigkeit mit einem Pinsel auf Baumstämme oder Holzzäune.

Mit etwas Geduld findet man später im Licht einer möglichst schwachen Taschenlampe einige der sonst unsichtbaren Spinner, Schwärmer oder ☞ Glucken selig daran nuckeln. Übrigens kann man es auch mit vergorenem Obst versuchen, auf das Nacht- und Tagfalter buchstäblich fliegen.

Was dann noch fehlt, ist etwas Geduld und Glück und vielleicht ein gutes Bestimmungsbuch für nachher.

Bettlaken, Lampe, Dunkelheit – fertig ist das Falterkino!

Mehr Vermehrung!

Lieber kleiner Gärtner, wenn du Erdbeeren magst (und wer auf dieser Welt könnte Erdbeeren nicht mögen?), dann ist es jetzt höchste Zeit, in den Erdbeerbeeten deiner Onkel, Tanten, Omas und Opas auf Raubzug zu gehen. Denn nichts ist leichter, als Erdbeeren zu vermehren. Die großen Pflanzen vom letzten Jahr haben nämlich um sich herum viele kleine Kinderpflänzchen in die Nachbarschaft geschickt.

Diese ‚Ausläufer' sind zwar ‚vorsichtshalber' noch am grünen Band festgemacht, haben aber längst eigene Wurzeln gebildet und kommen ganz gut alleine klar. Also: ① Suchen wir uns die stärksten ☞ *Kindel* aus, ② trennen sie von der Mutterpflanze ab, graben sie vorsichtig mit einem Wurzelklumpen aus und ③ pflanzen sie, wohin wir sie pflanzen wollen: in unser Erdbeerbeet, als Staude zu anderen Stauden, in einen Balkonkasten, einen Erdbeertopf oder eine Ampel. Geht alles, vor allem dann, wenn wir mit Komposterde nachhelfen und das Angießen nicht vergessen.

Knoblauch-Schnäbel

Wer im Frühjahr Knoblauchzehen in den Boden gesteckt hat, kann jetzt, wenn die ☞ *Schlotten* gelb werden, Knoblauchknollen ernten. Und wenn wir im nächsten Frühjahr wieder ernten wollen, stecken wir gleich ein paar Zehen erneut in die Erde. Am besten direkt zwischen die Erdbeeren, denn beide Pflanzen passen gut zusammen (das nennt man eine ☞ *Mischkultur*).

Beim Knoblauch solltest du unbedingt einen Blick auf die ① *schnabelförmig zulaufenden Blütenstiele* werfen. Die drehen sich mit schwanenhalsartigen Windungen in alle Richtungen. In den kugeligen Knospen sitzen nicht nur viele kleine Blütchen, sondern auch winzige ② *Brutzwiebelchen*, die man auspflanzen kann, auch wenn es dann ein Jahr länger dauert bis zur Ernte. Aber warum nicht? Schließlich haben wir doch Zeit!

Ansonsten dürfen wir jetzt weiter ernten. Zum Beispiel die verlockenden Kolben des Zuckermais. Die werden vorsichtig ausgedreht, sobald die gelben Maiskörner beim Zerdrücken einen weißlichen Saft absondern (‚Milchreife'). Auch Feuerbohnen werden jetzt geerntet. Aber Vorsicht! Während rohe Maiskörner köstlich *und* gesund sind, dürfen Bohnen nur gekocht verzehrt werden.

Essbare Blüten

Mit einem Henkelkörbchen geht es in den Garten und dann darf gepflückt werden: Kapuzinerkresse und Ringelblume, Gänseblümchen und Löwenzahn, Dahlie und Cosmea. Lauter Zier- und Wildpflanzen, von denen wir die Blüten ernten und – genussvoll für Augen und Gaumen – zu Salat oder auf dem Brot verzehren.

Mmmh, lecker:
Frisches Brot
mit Quark
und Gurke –
und dann einfach ein paar
Borretsch-Blüten
drüberstreuen.

Und von denen
kann man
die Blüten auch
alle essen:

① Bechermalve
② Cosmea
   Dahlie
   Gänseblümchen
   Gladiole
   Hornveilchen
③ Kapuziner-
   kresse
④ Lavendel
⑤ Ringelblume
   Rose

Zurück aus dem Urlaub, kleiner Zimmergärtner? Dann hast du jetzt genug Zeit, dich um Steck- und andere Pfleglinge zu kümmern. Wirklich puppig ist die Stecklingsvermehrung von Zyperngras, einer Pflanze, die gerne ‚nasse Füße' hat und auch zur Vermehrung einfach nur ins Wasser getaucht werden muss: Einen Blattstiel unten abschneiden, alle Spitzen mit einer Haushaltsschere einkürzen, umgedreht in ein Wasserglas stellen und warten, bis am Glasboden die kleinen Jungpflänzchen austreiben und Wurzeln bilden. Dann abtrennen, einpflanzen und – gut ist!

Und was geht noch?

Auch das Usambaraveilchen lässt sich durch Stecklinge vermehren. Man nimmt eine kräftige, gesunde Pflanze und schneidet mit einem Küchenmesser vorsichtig ein paar der weichen Blätter am Ansatz ab. In ein Töpfchen mit sandiger Blumenerde drückt man mit dem Pikierholz ein Loch und steckt den Blattstiel hinein. Dann die Erde festklopfen und anfeuchten.

Schwierig wird es danach, denn ohne Wurzeln droht das Blatt auszutrocknen. Jetzt hilft ein Mini-Gewächshaus, in dem die Luft feucht bleibt. Aber Achtung: Hin und wieder müssen wir auch lüften, sonst verfault das weiche, pilzempfindliche Blatt.

Noch wasserscheuer sind Kakteen. Einige dieser bizarren Wüstenbewohner bilden kleine ‚Kolonien', von denen man einzelne Stücke abtrennen und in Kakteenerde wieder einpflanzen kann. Spannender ist die Vermehrung durch Aussaat. Auch hier empfiehlt sich ein Miniaturgewächshaus. Die Bodenschale wird mit Kakteenerde gefüllt.

Da Kakteen Lichtkeimer sind, wird die im Handel erhältliche feine Mischsaat nur auf den Boden gelegt und mit einem flachen Holz angedrückt. Kakteensamen (die Keimlinge auch) lieben es warm, feucht und leicht schattig. Und sie lassen sich sehr viel Zeit!

Vermehrung verkehrt herum:

Papyrusblatt knapp über dem Boden abtrennen, die Blattspitzen zusammengreifen und mit einer Haushaltsschere abschneiden, dann kopfüber ins Wasser stellen.

In ein paar Wochen entstehen am Blattgrund kleine Papyruspflänzchen mit Wurzeln.

Melde · Ringelblume · Sauerampfer

Herbstzeit?
Erntezeit!

Wer jetzt durch (s)einen Garten oder durch die freie
Natur geht, sieht bereits überall Zeichen der Reife.
Die Früchte werden rot und blau oder trocken und
bizarr. Die einen werden gegessen, die anderen könnte
man sammeln, um daraus Samen zu ernten, für neue Blüten und
neue Früchte – oder einfach so, weil es Spaß macht.

Runkelrübe

Samen sammeln

Manchmal nimmt man (nicht von seltenen Pflanzen!) eine Schote
oder Ähre mit nach Hause und probiert einfach drauflos. Wenn man
weiß, was man da eingesammelt hat, kann man natürlich auch nach-
lesen, wie es geht. Zum Beispiel mit den Samen der Sumpfschwertlilie.
Die fallen im September fast von alleine aus den schwarz geworde-
nen Kapselfrüchten heraus und lassen sich recht zuverlässig im Topf
oder direkt im Freiland aussäen.
Oder Calendulasamen! Ein gutes Dutzend kleiner, gekrümmter Würm-
chen ('Ringelblumen'), die in ihrem 'Körbchen' nur darauf zu warten
scheinen, dass wir sie unter unseren Fingern zerbröseln. Und aussäen!
Im April ins Freiland, am besten dort, wo sie zukünftig auch verwil-
dern dürfen.

Tomaten aus eigener Anzucht

Wer Tomaten selber vermehren will, zum Beispiel eine der wohl-
schmeckenden kleinen Sorten, muss sich etwas anstrengen: Überreife
Exemplare in ein feines Sieb geben, das Fruchtfleisch auswaschen
und die noch glitschigen Samen in etwas Wasser ein paar Tage stehen
lassen. Wieder im Sieb spülen, auf Küchenkrepp trocknen und bis zur
Aussaat (im März auf der Fensterbank) lagern.

Die Samen (hier
vom Springkraut)
sammele ich in
kleinen Tüten und
Briefumschlägen.
Wichtig: Alles gut
beschriften!

Kornblume · Mohn · Feldsalat

Hallo kleiner Freilandgärtner. Es ist Frühherbst und der bewölkte Himmel verkündet trübe Aussichten? Da solltest du nicht auch noch Trübsal blasen, schließlich gibt es für jedes Gartenwetter interessante Arbeiten.
Jetzt zum Beispiel ist eine gute Zeit, um kümmernde Beet-Pflanzen ein wenig aufzupäppeln. Stauden vor allem.

Schick deine Pflanzen doch zur Kur!

Nehmen wir an, du hast eine Margerite in deinem Beet, die zwar schöne, große Blüten hatte, deren Blätter aber mickrig geblieben sind. Die Margerite muss zur Kur! Dazu brauchst du ein bisschen Platz – ein Hochbeet oder ein von Hölzern eingefasstes Stück Land wären ideal. Und guten Boden brauchst du auch: je 1/3 Sand, Komposterde und lehmhaltigen Mutterboden. Alles bereit? Dann gräbst du die Margerite vorsichtig mit einem Spaten aus und pflanzt sie um. Bis zum Winter kann sie jetzt noch einmal kräftig Wurzeln bilden und sich erholen – wichtig dabei: Der Boden darf nie ganz austrocknen.
Das Kur-und-Aufpäppel-Beet kann übrigens noch mehr sein: ein Parkplatz für geschenkte Pflanzen. Eine Intensivstation für achtlos auf den Kompost geworfene Abfallpflanzen (auf Friedhöfen). Ein Vermehrungsbeet für frisch geteilte Stauden und Gräser.

Schmeichelfrucht und Trockenblumen

Ansonsten ist noch immer Erntezeit – nicht nur für Obst und Gemüse. Wer etwa die Blütenpracht seines Gartens mit ins Haus nehmen möchte, sollte sich jetzt mit einem Küchenmesser bewaffnen und nette Gartennachbarn haben. Denn der Frühherbst ist großzügig, wenn es um Blüten und Früchte für die Blumenvase geht. Allen voran bei den Trockenblumen, also solchen Blüten, die nach der Trocknung noch lange ihre Schönheit bewahren (Strohblume, Perlkörbchen, Katzenpfötchen, Schleierkraut und andere).
Schön anzusehen und anzufühlen sind auch ‚Schmeichelfrüchte' wie das Lampenputzergras oder die Fruchtstände der Waldklematis. Und auch unter den etwas schneller verwelkenden Pflanzenteilen lässt sich reichlich wählen: Fetthennenschirme und Hagebuttenbündel, Asternsterne und Bärenklauäulen oder auch Dillblütenfedern und Eberrautenruten. Kurz und knapp: Es gibt eigentlich nichts, was man nicht einmal probeweise in die Blumenvase stellen kann!

Rasselblume

Hahnenkamm

Schleierkraut

Strohblume

Schafgarbe

Wurzelversuche

Auch wenn ein Zimmergarten ziemlich klein ist, langweilig muss er deswegen noch lange nicht sein. Auszuprobieren gibt es jedenfalls genug – und wenn es nur die Verwertung von Essensresten ist!

Frische Ananas gefällig? Zum Experimentieren sollte sie wirklich knackfrisch sein. Was man am satten Grün des Blattschopfes erkennt, der seine Blätter selbst dann nicht hergibt, wenn eine Kinderhand daran zieht. Während der ganze untere Teil geschält in den Obstsalat wandert, nehmen wir uns den Schopf samt der obersten Zentimeter Fruchtfleisch (wie einen umgekehrten Zuckerhut herausschneiden). Ein paar Tage stellen wir die zukünftige Ananasstaude an einen luftigen Platz, damit das Fruchtfleisch trocknen kann und nicht verfault. Danach in einen Topf mit sandiger Blumenerde pflanzen, anfeuchten und mit einem durchsichtigen Folienbeutel luftdicht einhüllen. Bis zur Wurzelbildung gelegentlich lüften und nachfeuchten. Mit etwas Glück können wir nach ein paar Jahren sogar eine Mini-Ananas ernten.

Und jetzt ein Frischkorn-Müsli-Experiment!

Bio-Getreidekörner wie Weizen oder Roggen eignen sich nicht nur hervorragend als Ostergräser, sondern auch für einen interessanten Wurzelversuch. Dazu braucht man einen durchsichtigen, langen Topf oder Becher (transparente Orchideentöpfe sind besonders gut, weil sie am Boden bereits Abzugslöcher besitzen) und einige Streifen fester Folie (Klarsichthüllen). Mit Hilfe der Folie teilen wir den Topf in vier Kammern, füllen diese Kammern mit Kakteenerde und legen am Becherrand jeweils ein Getreidekorn hinein. Dann nur noch einen dunklen, eng anliegenden Übertopf darüber stellen, feucht halten, hell und warm stellen. Wenn wir einige Tage später den Übertopf zum ersten Mal abziehen, können wir die feinen, weißen Würzelchen förmlich in die Tiefe kriechen sehen.

Efeu

Und wer jetzt noch immer Langeweile hat, braucht einen Efeutopf. Dessen Triebe ragen ja weit über den Topf- oder Ampelrand hinaus. Wo genügend Platz vorhanden ist, stellen wir einen kleinen Topf mit Erde direkt unter einen der langen Triebe und stecken diesen mit einer umgebogenen Büroklammer fest. Ist der Efeutrieb eingewurzelt, brauchen wir ihn nur noch von der Mutterpflanze abzuschneiden, und fertig ist die Jungpflanze.

Weil jede Pflanze andere Wurzeln bildet, sollten wir unser Experiment mit verschiedenen Samen probieren.

Wildwuchs im Stadtgarten

 Nachdem der kleine Balkongärtner verschiedene Landschaften nachgebaut hat, könnte er sich an das Original selbst wagen. Ein Stück Natur im Topf für seine paar Quadratmeter Stadtgarten. Das ergibt eine echte Wundertüte. Und zwar so: Man nimmt einen Spaten oder ein Schäufelchen und ein Transportbehältnis. Damit geht's ab auf irgendeine Wiese – bitte nicht im Naturschutzgebiet –, dorthin, wo das Gras von vielen anderen Pflänzchen durchzogen ist. Davon stechen wir ein Stück ab, das groß genug für einen Balkonkasten unserer Wahl ist. Das wird in einer Mischung aus Mutterboden, Sand und ☞ *Maulwurfserde* eingepflanzt. Welche Blüten werden wohl im nächsten Jahr herauskommen?

Blinde Passagiere

Ähnlich überraschend ist auch die ‚Aussaat' von absichtlichen oder zufälligen ‚Mitbringseln' von Ausflügen und Urlaubsreisen. Ein kleines Tütchen Walderde, die Erdklumpen unter unseren Schuhen nach einer Wanderung – welche Samen auch immer darin schlafen, wir können sie aufwecken und großziehen. Wozu? Weil's Spaß macht!

Wenn im Freilandgarten Blumenzwiebelzeit ist, wird es ernst, der Winter naht! Zwiebelblumen sind Hoffnungsträger, obwohl oder gerade weil sie gar nicht so aussehen: eine papiertrockene, manchmal wie zerfetzt aussehende Haut, eingetrocknete Wurzeln, bestenfalls eine grüne Spitze und bei manchen Knollen steinhart und scheinbar tot.

Blumenzwiebeln pflanzen

Trotzdem – Blumenzwiebeln sind ‚Frühling im Herbst'. Schneeglöckchen, Krokusse, Osterglocken oder Tulpen – was immer die anderen Pflanzen im Frühjahr vorhaben, frisch gepflanzte Blumenzwiebeln werden ganz bestimmt blühen.

Und es ist kinderleicht, sie zu pflanzen. Regel eins: Blumenzwiebeln brauchen einen lockeren, im Frühjahr feuchten, im Sommer halbwegs trockenen Boden. Also geben wir entweder viel Sand in die Pflanzlöcher oder, in sandigen Böden, reifen Kompost. Regel zwei: Die Zwiebeln werden doppelt so tief eingepflanzt, wie sie hoch sind. Beispiele? Eine 3 cm hohe Traubenhyazinthe wird 6 cm tief eingepflanzt, ein 8 cm dicker Riesenlauch wird 16 cm tief – und so weiter. Regel drei: Lasst die Kerlchen nicht alleine. Eine einzelne Osterglocke ist ein trauriger Anblick. Aber anderseits …? Wenn es Spaß macht, pflanzt sie einzeln, in Reihen oder auch schneckenförmig – was weiß ein erwachsener Gärtner schon von den Ideen der Kinder!

Wanderblumen

Übrigens gedeihen Schneeglöckchen und Winterlinge viel besser, wenn man sie zur Blütezeit irgendwo ausgräbt (aber bitte vorher um Erlaubnis fragen!) und in den eigenen Garten verpflanzt. Besonders spannend sind Blumenzwiebeln, die sich selber vermehren und sogar zu wandern beginnen: Hasenglöckchen zum Beispiel oder Elfenkrokus, Blausterne und Schneeglöckchen, deren Samen von Ameisen durch die Gegend geschleppt werden.

Schneeglöckchen

Ja, kleiner Balkongärtner, auch du darfst nach Herzenslust Blumenzwiebeln pflanzen. Im großen Pflanztrog, im Kasten und sogar im Topf.

Hier eine besondere Idee mit Blumenzwiebelbeteiligung: der Drei-Jahreszeiten-Topf, bestehend aus einer niedrigen Herbstaster, die schon jetzt blüht, einem Feldsalat, den du mitten im Winter ernten kannst, und eine Handvoll Traubenhyazinthen, die spätestens im Februar ihre Blätter ‚schieben' und im späten März blühen.

Jederzeit sprießbereit

Und der kleine Zimmerpflanzengärtner? Auch der kann Blumenzwiebeln zur Blüte bringen. Entweder solche, die speziell für den Austrieb im Treibglas vorbereitet werden (große Hyazinthen oder weiße Narzissen). Aber auch alle anderen, vorausgesetzt sie haben vorher etwa sechs Wochen lang im Gemüsefach des Kühlschranks ‚Kälte' getankt!

Trauben-
hyazinthen

Märzenbecher

Tulpen

Oster-
glocken

Krokusse

 Auch wenn es im Gemüsebeet jetzt nicht mehr viel zu tun gibt, ein echter Höhepunkt wartet noch auf uns: Bleichen! Nein, wir bauen keinen Wäscheständer. Wir machen aus dunkelgrünen, bitteren Blättern blassgrüne und zartbittere.

Blätter bleichen

Zum Beispiel beim Chicorée, den wir Ende Mai oder Anfang Juni gesät haben. Obwohl dessen Blätter noch immer saftig sind, geht es ihnen jetzt an den Kragen. Vorher allerdings hebeln wir mit einer Grabgabel vorsichtig seine langen Wurzeln aus dem Boden. Nachdem die Blätter dann bis auf etwa 2 cm abgeschnitten wurden, werden die Wurzeln in einen langen Topf senkrecht eingeschichtet, bis an den Blattansatz mit sandiger Erde bedeckt, gewässert, abgedunkelt und an einen kühlen, frostfreien Ort gestellt. Nach einigen Wochen ernten wir dann die bleichen knospenartigen Köpfe und essen sie – zum Beispiel mit süßen Mandarinenschnitzen – als mild-bitteren Salat.

Aus der gleichen Pflanzenfamilie, ein sozusagen wilder Vetter, ist der Löwenzahn, der nicht nur zu Blumenketten verdreht oder als Pusteblume gepflückt, sondern auch als gebleichter Salat genossen werden kann. Dazu müssen wir eine weder mit Kunstdüngern noch mit chemischen Pflanzenschutzmitteln bearbeitete Wiese finden, auf der einige kräftige Löwenzahnpflanzen wachsen. Nach dem vorsichtigen Ausgraben mit einem Spaten funktioniert alles andere genau so – wie schon beschrieben.

Vogelfutter für das Fensterbrett

Ein echtes Erntevergnügen wartet im Sonnenblumenbeet auf uns. Entweder wir ernten den ganzen ‚Korb', also den Fruchtstand mit allen Samen, und locken damit an kalten Tagen Vögel auf unsere Fensterbank, oder wir pulen die knackigen Samen heraus, sammeln sie in einem Körbchen und freuen uns an der reichen Fülle.

Und so geht's mit Löwenzahn:

① Blätter stutzen.

② Wurzeln einschichten.

③ Mit Erde bedecken.

④ Dunkel und kühl stellen.

Bitte nicht vorm Frühjahr wecken. Danke

Die Wetterstation

Der Gärtner ist ein Hans-guck-in-die-Luft! Regen oder Sonne, Wind oder Frost – was gut oder schlecht für seine Pflanzen ist, interessiert ihn. Und manche Gärtner wollen es ganz genau wissen.

Klemmbrett

„Wie war das eigentlich im letzten Frühling? Sind wir nicht schon Anfang April im T-Shirt draußen gewesen?" Wer es genau wissen will, führt ein Wettertagebuch.

Barometer

Damit misst man den Luftdruck. Hochdruck heißt: Sonniges, trockenes und im Winter kaltes Wetter, Tiefdruck bedeutet: Niederschläge – Regen oder auch Schnee!

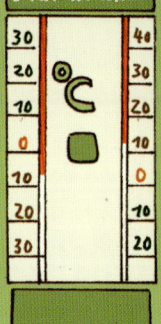

Thermometer

Das Minima-Maxima-Thermometer zeigt nicht nur an, wie warm oder kalt es jetzt ist. Auch die höchste und tiefste Temperatur des Tages lassen sich darauf ablesen.

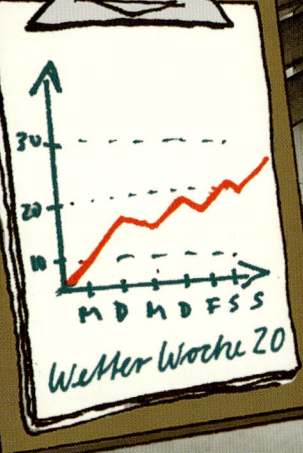

Wetter Woche 20

Regenmesser

Wie viel Regenwasser (Liter pro Quadratmeter) wohl gestern Nacht vom Himmel gefallen ist?
Im Regenmesser nachsehen und staunen.

Hygrometer

Schwüles, warmes August-Schwitze-Wetter, trockene, klirrende Kälte im Februar – wie viel Feuchtigkeit in der Luft ist, lässt sich mit dem Hygrometer messen.

Wetterfrosch

Glas und Leiter? Der Wetterfrosch von heute baut sich eine eigene Station: zwei Meter über dem Boden, windgeschützt und schattiert.

Schneckenwett- rennen: Wer wird wohl gewinnen?

Die Weinbergschnecke?

Die Schmirkelschnecke?

FKK

Die Nacktschnecke heute auf jeden Fall nicht...

Wie wäre es mit einer Vorwinter-Expedition in den Garten? Wenn fast alles getan ist – Säen, Jäten, Wässern, Hacken, Ernten und alle anderen Frühjahr-bis-Herbst-Arbeiten –, bleibt vielleicht wieder etwas mehr Zeit für die Tiere in unseren Gärten.

Vielleicht hast du ja inzwischen ein kleines Steingartenplätzchen angelegt? Eine Handvoll Kalksteinbrocken, die an sonnigen Tagen Wärme tanken und am Abend wieder abgeben, eine Vogeltränke, die den Himmel spiegelt und vielen Tieren als Trinkwasserquelle dient.

Schneckenzeit

Hast du? Dann solltest du spätestens jetzt unter die Steine gucken, unter ausgelegte Kartoffelsäcke oder unter ein morsches Brett. Sind Kügelchen darunter? Haufenweise gelber oder weißer, kugelrunder, senfkorngroßer Schneckeneier?

Herbstzeit ist nämlich auch Schneckeneierzeit und bei manchen Arten bereits Minischneckenschlüpfzeit. Wenn es bald noch kälter wird, und dann den ganzen Winter über, kann man in kalkreichen Gegenden Weinbergschnecken finden, deren Hauseingänge während der Winterruhe regelrecht zugemauert sind.

Ganz nebenbei: Weinbergschnecken haben, genau wie ihre kleineren Cousins, die Schnirkelschnecken, eine Vorliebe für abgestorbene Pflanzenteile und sind daher nicht halb so lästig wie die verschiedenen Nacktschneckenarten. Interessant und eigenartig sind die Nacktschnecken allerdings auch – wie alle Tiere!

Ob man jetzt noch in der Erde wühlen kann?

Und wie, schließlich beginnt im Herbst die eigentliche Pflanzzeit. Denn nur dann, wenn kein Laub an Bäumen und Sträuchern ist, können wir all die Gehölze in den Boden bringen, die ,wurzelnackt' sind oder einen frisch ausgestochenen Erdballen haben. Topfpflanzen dagegen können das ganze Jahr über gepflanzt werden.

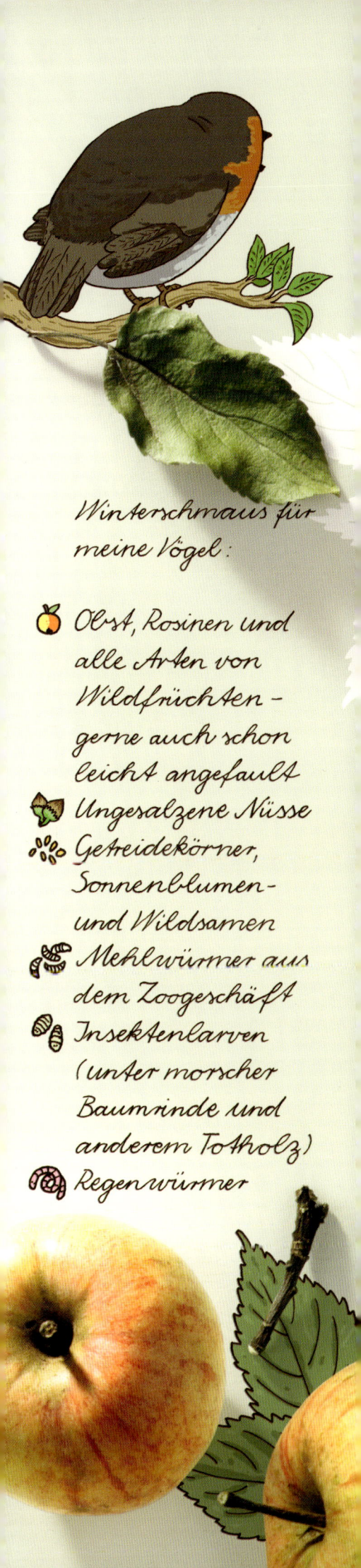

Winterschmaus für
meine Vögel:

- Obst, Rosinen und
alle Arten von
Wildfrüchten –
gerne auch schon
leicht angefault
- Ungesalzene Nüsse
- Getreidekörner,
Sonnenblumen-
und Wildsamen
- Mehlwürmer aus
dem Zoogeschäft
- Insektenlarven
(unter morscher
Baumrinde und
anderem Totholz)
- Regenwürmer

Rotkehlchen

Hast du schon einen rotbrüstigen, gefiederten Gartenfreund gefunden? Oder sagen wir lieber, hat er dich schon gefunden? Wer? Das Rotkehlchen!

Schau dich um, wenn du einmal ein Stück Gartenland umgraben musst. Ganz oft hockt der kleine Vogel mit den großen Augen auf einem Zweig, schaut dir zu und kommt dabei langsam, aber stetig näher.

Wenn du ruhig weiterarbeitest, keine hektischen Bewegungen machst, und wenn dazu viele kleine Regenwürmer im Boden sind, sitzt er plötzlich neben deinem Spaten, guckt dich wachsam schräg von der Seite an und stibitzt einen Wurm.

Allein um das zu erleben, sollte man jeden Tag ein wenig in der Erde wühlen.

Bei Rotkehlchen geht die Liebe durch den Magen – mit den richtigen Leckerbissen werden sie manchmal sogar handzahm!

Ruhe auf dem Balkon? Viel los ist nicht mehr. Der Winter klopft an die Jahreszeitentür und droht mit dem Frostfinger. Für unsere Balkonsonnenkinder heißt das Winterschutz oder Umzug, denn auf dem Balkon sind Frost, Wind und Sonne doppelt gefährlich. Während man nämlich im Gartenland den Boden großzügig mit Laub und anderen Isolierschichten bedecken kann, so dass nur starke Fröste an die bodennahen Pflanzenteile gelangen, sind die auf dem Balkon windumspülten Pflanzgefäße den Minusgraden schutzlos ausgeliefert und frieren sehr schnell durch.

Winterschutz

Maßnahme eins lautet daher: Pflanzen, die leichten Frost vertragen, entweder in eine mit Erde und Laub gefüllte Wanne stellen oder in eine geschützte Balkonecke und dann mit Noppenfolie, Strohmatten oder Ähnlichem isolieren. Maßnahme zwei: Vor allem im Februar, wenn es an klaren Tagen nachts sehr kalt, tagsüber aber sonnig und warm ist, beginnen immergrüne Pflanzen oben herum zu ‚schwitzen', während ihre Wurzeln noch gefroren sind und kein Wasser aufnehmen können. Das bedeutet: Vertrocknungsgefahr! Daher dürfen wir in den milden Zwischenzeiten das Gießen nicht vergessen.

Ansonsten brauchen wir Rückzugsflächen für die echten Exoten. Wer südamerikanische Fuchsien, afrikanische Pelargonien oder eine der vielen Mittelmeerpflanzen im Mai gesund und munter wiedersehen will, braucht einen frostfreien, kalten und möglichst auch hellen Raum – oder eine Gärtnerei im Ort, die unsere Pfleglinge in Winterpension nimmt.

Und wenn wir schon den Winter der Pflanzen vorbereiten, dürfen wir den der Vögel nicht vergessen. Man muss sie nicht füttern, aber man kann, und weil eine Blaumeise, die Körner auf der Fensterbank stibitzt, nur einen Griesgram kalt lässt, sollten wir es auch!

Einen Sisalstrick durch das Loch eines kleinen Tonblumentopfs ziehen und ihn daran festknoten.

250 g Kokosfett behutsam schmelzen und mit 100 g Fertig-Körnermischung (Winterfutter), 25 g Sonnenblumenkernen, 25 g Haferflocken und etwas Sonnenblumenöl vermengen.

Die ganze Masse in den Tontopf drücken und dabei den Strick straff nach unten ziehen. Aufhängen – fertig.

Mit Noppenfolie gegen Frostbeulen:

Wintervergnügen drinnen und draußen

„Und was ist mit uns Zimmergärtnern? Können wir nicht auch etwas machen, was mit Winter zu tun hat?" Könnt ihr. Warme Kleidung anziehen, Gartenschere einpacken und dann ab in die Sträucher und Bäume, ‚Barbarazweige' schneiden.

Denn Zweige, die um den Gedenktag der Heiligen Barbara am 4. Dezember herum geschnitten und in die Vase gesteckt werden, sind am Heiligen Abend meist vollständig erblüht.

Weihnachtsblüten

Welche Zweige Weihnachten blühen? Obst- und Zierkirsche, Pflaume, Mandel, Kornelkirsche oder Forsythie. Aber auch Gehölze wie Birke, Haselnuss oder Ahorn, die nur ihre Blätter aus den harten Knospen schieben, sind interessant und hübsch genug, um ihnen einen Platz in unseren Winterhöhlen zu geben.

Aber aufgepasst, einfach abschneiden, ins Wasser und in das warme Zimmer stellen ist nicht! Stattdessen setzt man die frisch angeschnittenen Zweige in warmes Wasser, stellt die Vase aber zunächst für ein paar Tage in einen eher kühlen Raum, bevor die Äste schließlich auch Heizungsluft schnuppern dürfen.

Ein Hotel für deine Gartentiere

Übrigens könnte der kleine Freilandgärtner jetzt zum Aufwärmen auch einmal drinnen arbeiten, sozusagen auf dem Bau! Futterhäuschen und Nistkästen für die Vögel? Auch gut, aber ein Insektenhotel wäre vielleicht noch besser. Denn der Wildbienen- und überhaupt Insektenwohnbedarf an Lehmlöchern, Strohhalmen oder an Gängen in trockenem Holz ist so groß, dass er in den meisten Gärten kaum gedeckt werden kann.

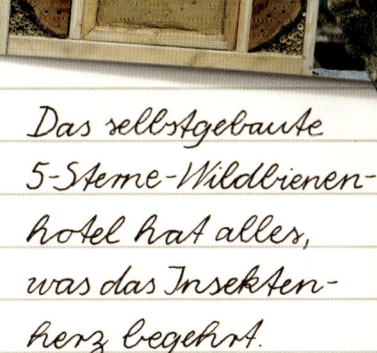

Das selbstgebaute 5-Sterne-Wildbienen-hotel hat alles, was das Insekten-herz begehrt.

Wir schneiden Steckhölzer:

Man nehme: Ein gerades Stück Ast.

Hier mal abschneiden ... hier

15–20 cm

das untere Ende schräg anschneiden,

... und *richtig herum* in Erde stecken (ca. 2/3 unterhalb der Erde).

Was bleibt draußen noch zu tun, wenn es Stein und Bein friert oder schneit – hoffentlich! – oder wenn der Himmel trüb und der Gartenboden matschig und glitschig ist? Immerhin, Winterzeit ist Pflanzzeit. Hecken, Bäume und Sträucher – geht alles, solange der Boden nicht gefroren ist. Winterzeit ist aber auch Zauberzeit! Nicht nur weil die Zaubernuss und mancher andere Strauch mitten im Schnee zierliche Blüten treibt und manchmal ganz wunderbar duftet. Winterzauberei ist auch das: Du nimmst eine Gartenschere, schneidest ein paar Dutzend 20 cm lange Stecken von irgendwelchen kahlen Sträuchern, steckst sie zuerst in einen Topf mit Sand, später in die lockere Erde eines vorbereiteten Beets – und wenn du ein halbes Jahr später nachguckst, stehst du vor einem Urwald aus Trieben. Zauberei!

Buchsbaumwunder

Und mit den Stecklingen von Buchsbäumen ist es nicht anders. Die sind zwar immergrün, aber ebenso rätselhaft. Schneide von einem Buchsbaum eine 8–10 cm lange Triebspitze ab, stecke sie ins Beet oder in einen kleinen Pflanztopf und warte. Und warte. Und warte. Du bist ungeduldig und neugierig, guckst nach zwei Monaten nach, und es ist nichts passiert? Weiter warten.
Manchmal ein ganzes Jahr und länger. Dass doch etwas passiert sein muss, Würzelchen aus dem knochenharten Holz des Stecklings in die Erde gewachsen sein müssen, siehst du spätestens daran, dass feine, hellgrüne, neue Blättchen aus dem alten stumpfen Grün heraussprießen. Das ist kein Wunder? Was, wenn nicht das?

Altes Holz und neues Leben

Bleiben wir noch bei den trockenen, harten Sachen. Abgeschnittene Äste und Baumstücke sind definitiv tot. Und doch! Lege sie an einen feuchten, schattigen Platz zur Hälfte eingegraben auf die Erde, oder bau dir aus verschiedenen Holzarten – dick, dünn, alt, frisch, länger oder kürzer – eine Art Skyline von Manhattan. Und hilf der Verwandlung ein wenig nach: Im Sommer gieß ein paar Kannen Brennnesseljauche darüber, und wenn es trocken und warm ist, deckst du für ein paar Tage eine Folie darüber. Spätestens im nächsten Herbst passiert es! Das alte Holz erwacht zu neuem Leben. Moose und Pilze, Algen und Flechten, für jedes Holz und jede Witterung ist etwas dabei.
Was sagt dein Vater? Nein, die Pilze kann man nicht essen und das Moos ist zu nichts anderem nützlich, als es anzusehen. Was ja nicht einmal nützlich ist, aber spannend. Also höre nie auf, Moose und Pilze anzustaunen, auch wenn du längst erwachsen sein wirst!

— Buchsbaum

Baumschwamm

Fliegen-pilz

Schwefelporling

Korallenpilz

Braunkappe

Schopftintling

Pfifferling

Rotkappe

Gartenfeuerplätze

Und noch ein paar letzte Verwandlungen. Die von Holz zu Asche oder Kohle! Denn in einen Garten für Kinder gehört ein Lagerfeuerplatz. Oder ein mexikanischer Feuerofen. Ein kleiner Feuerkorb. Ein Grill. Kurz, irgendetwas, an dem man kokeln und zündeln und rösten und ‚fladenbröteln‘ kann, ohne gleich Opas Gerätehaus oder die Scheune des Nachbarn abzufackeln. Natürlich unter Aufsicht!

Die Asche, zu der das Holz verwandelt wird, ist ein flüchtiger, vom Winde leicht verwehter Stoff, der wertvoll genug ist, um ihn wie einen Schatz zu bergen. Denn Holzasche ist Dünger und sollte dem Garten zurückgegeben werden.

Holzkohle

Holzkohle ist sogar mehr als ein Dünger. Und wir können sie selber herstellen! Hör zu: Du gräbst eine Grube mindestens von der Größe und Tiefe eines 10-Liter-Eimers. Auf den Boden der Grube kommt eine dicke Lage zerknülltes Zeitungspapier, darauf zunächst feine, leicht entzündliche trockene Hölzchen und schließlich weiteres trockenes, gröberes Holz. **①** Jetzt wird angezündet. **②** Wenn alles gut geht, brennen Papier, Anzündhölzer und das grobe Holz bald munter drauflos. **③** Ist das Feuer richtig im Gang, decken wir die Grube mit einem ausreichend großen Blechdeckel zu (auch wenn hier und da noch Rauch aus den Ritzen quillt). Jetzt sollte das Holz nicht mehr in Flammen stehen, sondern langsam glimmend ‚verkohlen‘ (wie der Name schon sagt). Das darf einen Tag und eine Nacht lang dauern. **④** Wenn, nach einem weiteren Tag mit offenem Deckel, die Holzkohle abgekühlt ist, könnten wir sie mit einem Mörser zerreiben und überall dort verwenden, wo wir es mit pilzempfindlichen Pflanzen zu tun haben (zum Beispiel beim Vermehren der Usambaraveilchen: Vor dem Stecken werden die Blattstiele mit Holzkohlenpuder betupft, damit die Blätter nicht verfaulen!).

Übrigens, wer von Weihnachten noch einen Büchergutschein hat und nicht weiß, was er damit machen soll:
Wie wäre es mit einem Tierspurenbuch? Dann könnt ihr nachsehen, welche Tiere euren Garten besuchen, während ihr gerade nicht da seid. Anhand von Spuren im Schnee oder in einer ‚Spurenfalle‘ aus glattgestrichenem, feuchtem Lehm.

Im Zimmergarten haben wir begonnen, dort wollen wir auch enden. Inzwischen neigt sich der Winter dem Ende zu, und ein neues Gartenjahr steht in den Startlöchern. Wie sehen deine Pflanzen aus? Blass und schlapp? Und die Wurzeln? Umringeln sie auf der Suche nach Nahrung bereits den Topfrand?

Bevor der höher steigende Sonnenbogen Frühlingslicht durchs Fenster schickt und den neuen Austrieb anregt, ist jetzt Zeit fürs Ausputzen und Zurückschneiden. Aber Achtung: Nicht jede Zimmerpflanze verträgt einen stärkeren oder sogar radikalen Schnitt. Frag einen Gärtner oder schlage im Pflanzenlexikon nach.

Frühjahrskur für schlappe Pflanzen

Zeit fürs Umpflanzen ist jetzt auch. Man nehme: einen größeren Topf – einige Zentimeter tiefer und breiter als der alte –, Tonscherben für das Abzugsloch. Und frische Pflanzerde.

Der alte Topf will nicht abgehen? Dann stoßen wir ihn kopfüber vorsichtig auf der Tischkante auf. Wenn das nicht hilft, sollte man unter den Boden gucken und die durchgewachsenen Wurzeln mit einem scharfen Messer abtrennen. Und wenn die Wurzeln sich an der Innenwand zu sehr ringeln, werden sie auch eingeschnitten oder mit den Fingern vorsichtig aufgedröselt. Die frische Erde nur bis knapp unter den Rand auffüllen, angießen – auf gutes Gedeihen!

Alpenveilchen →

BLUMENERD

So! War's das?

Fertig! Das Gartenjahr ist um, und wir können von vorne anfangen. Wirklich? Das wäre nicht nur langweilig, sondern unmöglich. Schließlich finden wir im zweiten Jahr vor, was wir im ersten angelegt haben: Der Boden im Gemüsegarten ist nicht mehr so klumpig, die Erdbeeren versprechen gute Erträge, die Margeriten wuchern, und der Sommerflieder muss zurückgeschnitten werden. Alles, was wir im Garten machen, hat Folgen – und was wir versäumen auch.

Und dann das Wetter! Früher gingen Regen oder Frost nur uns selbst etwas an. Heute sorgen wir uns um unsere Garten-Schützlinge. Außerdem haben wir Angst vor Schneckenfraß und Wühlmauszähnen oder fragen uns, woher die braunen Flecken an den Kartoffelblättern kommen. Warum? Weil wir Verantwortung für ein Stückchen Land übernommen haben, dem wir unsere Sorge schenken müssen. Und das uns beschenkt. Mit Obst, Gemüse und Blumen, mit Tier-Begegnungen – mit vielen kleinen Abenteuern in unserem eigenen kleinen Stück umzäunter Natur.

Im Gegensatz zu Samenunkräutern vermehren sich die Wurzelunkräuter vor allem durch teilweise schwer zu jätende unterirdische Ausläufer.

Gartentiere – Exkursion hinterm Gartentor

Eine Gruppe von Nachtfaltern.

Gartenwissen – Was, wann, wie, womit?

Eine Pflanze mit lockerer Gartenerde wenige Zentimeter bedecken.
Dreizinkiges Erdlockerungsgerät mit pflugartigen Spitzen – s. Abb. Seite 14.

Tochterpflänzchen, das sich bereits an der Mutterpflanze bildet und zur Vermehrung abgetrennt wird.
Beim Graben befördern Maulwürfe beste, feinkrümelige Pflanzerde nach oben.
Manche Pflanzen helfen einander, gesund und fast schädlingsfrei zu wachsen – in der Mischkultur macht man sich das zunutze.
Ein etwa bleistiftdickes, vorn zugespitztes Holz, mit dessen Hilfe man feine Sämlinge aus dem Boden hebt, um sie an anderer Stelle wieder einzupflanzen.
Mit dem Sauzahn wird der Boden tiefgründig aufgelockert, ohne das empfindliche Gleichgewicht der Bodenschichten durcheinanderzubringen – s. Abb. Seite 15.
Knotig verdickte Stelle, an der die robuste ‚Unterlage' und das schwächlichere ‚Edelreis' miteinander verwachsen sind.
Eng stehende Sämlinge werden so durchgejätet, dass die verbleibenden Pflanzen ausreichend Platz zum Wachsen haben.
Alle gärtnerischen Methoden, mit denen man aus wenigen Pflanzen viele Pflanzen macht – von der Aussaat, über die Teilung, den Steckling bis hin zur Veredelung.
Manche Pflanzen werden zunächst unter geschützten Bedingungen (Fensterbank, Gewächshaus) ausgesät und erst später ins Beet gepflanzt.

Idee

Prof. Dr. Götz E. Rehn (Geschäftsführer Alnatura)

Text und Konzept

Ralf Lilienthal

Projektleitung

Tina Schneyer (Alnatura) · Susanne Salzgeber

Gestaltung, Illustration und Studiofotografie

Papenfuss Atelier für Gestaltung

Fotografie

Marc Doradzillo

Druck

Leopaper

Erschienen im DuMont Buchverlag, Köln
www.dumont-buchverlag.de

ISBN 978-3-8321-9360-7

Haftungsausschluss: Autor und Herausgeber haben sich um korrekte Information und Darstellung bemüht, übernehmen aber keine Gewähr und Haftung für die Richtigkeit, Zuverlässigkeit und Vollständigkeit der Informationen. Die Umsetzung der Anregungen erfolgt auf eigene Gefahr – Eltern und Erzieher müssen den ordnungsgemäßen Umgang mit Materialien, Werkzeugen, Pflanzen und Tieren beaufsichtigen.

Im März

Mein Gartenjahr

Säen, Jäten, Hacken, Gießen, Ernten – die Arbeit im Nutzgarten ist häufig schwierig und anstrengend, oft vergnüglich und eigentlich immer interessant. In unserem kleinen Gartenbuch haben wir einige Nutzpflanzen und ihre Kultur beschrieben. Was wir alles gemacht haben, findest du in diesem Übersichtskalender noch einmal zusammengefasst.

Nach einem solchen Gartenjahr wird man dann weiter sehen. Ganz andere Gemüse, Salate und Früchte ausprobieren, aber auch andere Sorten der gleichen Art. Doch was immer man ausprobiert, hilfreich ist in jedem Fall ein eigener Gartenkalender – eine dicke Kladde, worin der kleine Gärtner seine Arbeiten und Beobachtungen einträgt, seine Erfolge und Misserfolge, seine Lieblingspflanzen, wie sie wachsen und gedeihen.

Zuerst der Gartenboden: Mit dem *Grubber* lockern oder umgraben, dann glatt ziehen und Beete abstecken.

Fertig? Dann ist jetzt schon Zeit für die erste Aussaat auf dem Beet. Radieschen zum Beispiel. Oder Möhren. Reihenabstand: je nach Sorte 15–25 cm. Abstand in der Reihe: fein aussäen, später *vereinzeln*. Wichtig: Möhren keimen sehr langsam, daher alle paar Zentimeter einen Radieschensamen dazulegen ('Markiersaat').

Und, als idealer Möhrennachbar: Die Speisezwiebel. Die murmelgroßen Steckzwiebelchen werden so tief in den gelockerten Boden gedrückt, bis sie ganz von Erde bedeckt sind. Reihenabstand: 5–30 cm, Abstand in der Reihe: 5–6 cm.

... bis November

Von Dezember ... bis Februar

4. Dezember: **Barbaratag** – der Tag, an dem traditionell Blütenzweige zum Treiben in die Vase gestellt werden.

21. oder 22. Dezember: Winteranfang

Jetzt wird auf allen Beeten Klarschiff gemacht.
Bis auf die Wintergemüse (wie zum Beispiel den  Feldsalat) ernten wir den Gemüsegarten systematisch leer – das alte, gesunde Laub wandert dabei auf den Kompost.

Schwere, lehmige Böden werden jetzt umgegraben, leichte Böden nur mit dem ☞ *Grubber* oder mit dem ☞ *Sauzahn* gelockert.

Schön, dass es selbst dann, wenn es draußen schon Stein und Bein friert, immer noch etwas zu ernten gibt.

Feldsalat zum Beispiel, den haben wir ja schon im ersten Gartenjahr ausgesät. Und in den nächsten Jahren probieren wir noch mehr aus:
Rosenkohl, Spinat, Radicchio oder Postelein – lauter Gemüsepflanzen für Wintergärtner.

Das neue Gemüsegartenjahr beginnt bereits mitten im Winter. Wer nicht gerade ein Gewächshaus besitzt, braucht jetzt viel Platz auf seinen Fensterbänken. Was kann man nicht alles aussäen und ☞ *vorziehen*:

Salat und Kohlrabi, Sellerie und Fenchel, Paprika und Tomaten, Blumenkohl und Lauch.
Natürlich kann man Gemüse- und Salatjungpflänzchen später auch kaufen – aber ein wenig herumprobieren macht viel mehr Spaß!

Im August

23. Juli–24. August: Hundstage – wenn Sirius im Sternbild des Großen Hundes den Himmel beherrscht, ist Hochsommer und oft auch die heißeste Zeit des Jahres.

22. oder 23. September: Herbstanfang

Altweibersommer – die Schwebfäden der im Wind segelnden Baby-Baldachinspinnen weisen auf eine Zeit milder, sonniger Tage im Frühherbst.

Erntezeit für Feuerbohnen, Mais und Knoblauch! Die prächtig rotschwarz ge-färbten, glänzenden Feuer-bohnen pulen wir aus ihren langen grünen Schoten. Der goldgelbe, zuckersüße Mais hat sich hinter einer papier-artigen Haut versteckt. Und frisch geernteter Knob-lauch hilft besonders gut gegen aufdringliche Vampire!

Für die eigenen Tomaten im nächsten Jahr können jetzt die Samen ausgelesen werden – wie das geht, steht im Buch auf Seite 41.

Damit wir auch im Winter ern-ten können, wird nun der Feldsalat ausgesät – breitwürfig oder in Reihen (15 cm Abstand). Nur leicht mit Erde abdecken und mit der Schaufel anklop-fen. Eng stehende Pflänzchen laufend durchernten.

Die Rote Bete kann jetzt ausgegraben werden. Die reifen Kürbisse werden erst ge-erntet, wenn die Frühfröste das Laub zerstört haben.

Im Herbst ist auch Zeit, den Chicorée zu bleichen: Aus-graben, die Blätter abschnei-den, die Wurzeln in sandige Erde einschlagen, kühl und frostfrei lagern (im Buch auf Seite 47 beschrieben).

Wer Rhabarber vermehren will, braucht einen starken Arm und ein langes Messer*. Der Arm gräbt den dicken Wurzelstrunk aus, das Messer brauchen wir, um die ver-schlungene Wurzelmasse ge-schickt zu teilen (aus 1 mach 4–5). Gepflanzt wird an einen sonnigen Platz mit möglichst feuchtem Boden unter Ver-wendung von reichlich Kom-posterde.

* Lass dir von einem Erwach-senen helfen.

Im April

20. oder 21. März: Frühlingsanfang

Wer im Sommer 🍅 Tomaten ernten möchte, sollte sie jetzt aussäen und auf der Fensterbank ☞ *vorziehen* – im Minigewächshaus oder in der Saatschale im Abstand von 2 cm in alle Richtungen. Die Keimlinge wollen es hell, warm und feucht, aber nicht nass haben.

Jetzt können auch Schnittlauchpflanzen ausgegraben und geteilt werden (erste Ernte im Topf auf der Fensterbank!).

Sind deine 🌶 Radieschen schon ordentlich gewachsen? Dann kannst du sie jetzt vereinzeln: regelmäßig die zu eng stehenden Miniradieschen ausjäten, säubern, in den Mund stecken und essen!

Auch deine 🥕 Möhren keimen kräftig – du erkennst es an den feinen Hälmchen, die überall aus dem Boden sprießen.

Und dann geht's auch schon weiter mit der Aussaat. Pflücksalat, Rote Bete und Zuckererbsen sind jetzt an der Reihe: Furchen ziehen (Reihenabstand: 35 cm), Erbsen hineinlegen (Abstand in der Reihe: 12 cm). Mit Erde bedecken und fest andrücken.

Was geht noch? Soll es 🌰 Kohlrabi geben, ist es Zeit, die Jungpflänzchen auszupflanzen. Du bekommst sie in der Gärtnerei und auch auf dem Wochenmarkt.

Ende April wird wieder gesät. 🌽 Zuckermais zum Beispiel: Reihenabstand: 80 cm, in der Reihe je 2–3 Körner in die vorher gezogene Furche legen und später auf 30–40 cm Abstand ☞ *vereinzeln*. Auch 🥒 Zucchini und 🎃 Kürbisse werden ausgesät – allerdings noch drinnen und im Topf! 2–3 Samen je Topf, 2 cm mit normaler Pflanzerde bedeckt. Später bleibt nur der stärkste Sämling stehen.

Beim Rhabarber ist dann bereits Ernte angesagt. Hast du eine Pflanze in deinem Garten, kannst du die rötlichen Stängel bis in den Juni hinein ernten.

Im Mai

11.–15. Mai: **Eisheilige** – nach den Eisheiligen ist die Gefahr der Spätfröste endgültig gebannt.

Der Boden ist inzwischen verkrustet und hart? Zwischendurch öfter mit ☞ *Grubber* oder ☞ *Sauzahn* lockern.

Deine 🍅 Tomaten müssen pikiert und auf kleine Töpfchen verzogen werden: Mit dem Pikierhölzchen vorsichtig ausheben, in Topferde ein Loch pieksen, das Würzelchen einführen, Erde andrücken. Die Pflänzchen mögen keinen Frost und dürfen deshalb noch bis Mitte Mai (Eisheilige!) im warmen Zimmer wachsen.

Wer 🧄 Knoblauch mag, kann ihn einfach durch Zehen vermehren. Am besten nimmt man anfangs sogenannten ‚Saatknoblauch‘, der sicher treibt. Später kräftige Zehen aus eigener Produktion verwenden.

Jetzt wird 🌱 Chicorée ausgesät (Reihenabstand: 25–30 cm). Wenn das feine, in der Reihe gleichmäßig ausgesäte Saatgut kräftige Keimpflanzen getrieben hat, wird auf 20 cm ☞ vereinzelt.
Auch die noch eng stehenden 🥕 Möhren mit ihren feinen Rübchen müssen nun ausgelichtet werden.

🫘 Feuerbohnen! Endlich ist Zeit, sie auszusäen (wie es geht, steht im Buch auf Seite 20).
Und wenn wir schon bei den Kletterhilfen sind – auch die inzwischen herangewachsenen ⚘ Zuckererbsen benötigen Halt: Trockene Zweige in die Erde stecken oder ein Gerüst aus Kaninchendraht basteln, schließlich noch die Erbsenpflanzen leicht ☞ anhäufeln – fertig.

Sind die Eisheiligen vorbei? Dann dürfen die 🥒 Zucchini- und 🎃 Kürbispflänzchen raus ins Freie. Am besten wachsen sie übrigens auf dem Komposthaufen.
Wer beides jetzt noch nachsäen möchte, kann das gleich draußen im Beet tun:
Im Abstand von 1 m je 2–3 Samen ‚legen‘ (einsetzen). Später nur den stärksten Trieb stehen lassen.

Was noch? Zum Beispiel 🍓 Erdbeeren mulchen – Stroh (vom Bauern oder aus dem Zoogeschäft) um die Erdbeeren herum ausbreiten – und beim 🥬 Rhabarber die Blütenstängel ausdrehen (am Boden ansetzen!).

„Und wann darf ich gießen?" 🥬 Kohlrabi und 🔴 Radieschen regelmäßig wässern, alles andere nur in echten Trockenzeiten!

Im Juni

um den 11. Juni: Schafskälte – eine regelmäßig auftretende Groß-
wetterlage. Die frisch geschorenen Schafe (und die kleinen
Gärtner) müssen jetzt leider etwas frieren.

21. Juni: Sommeranfang

27. Juni: Siebenschläfer – ein sogenannter Lostag. Regnet es um diese Zeit,
setzt sich das Tiefdruckgebiet häufig für längere Zeit fest.

Und dann endlich ernten! Zum Beispiel die 🥕 Möhren, die wir im März gesät haben, und den 🥬 Kohlrabi aus dem April – jeden Tag ein bisschen, immer soviel, wie du gerade brauchst.

Auch die 🌱 Zuckererbsen sind jetzt reif und die 🍓 Erdbeeren rot: Wer würde sie nicht am liebsten gleich im Garten ver-naschen?

Wer 🥒 Zucchini- und 🎃 Kür-bisblüten von Hand bestäuben möchte, liest einfach im Buch auf Seite 33 nach.
Aber auch ohne unser Zutun liefern die 🥒 Zucchini ab Ende Juni alle 14 Tage eine reich-liche Ernte.

Jetzt, wenn alles wuchert, sollten wir mit Dünger nicht geizig sein. Wir dürfen Brenn-nesseljauche ansetzen, soviel Garten oder Nachbarschaft hergeben (mit Wasser verdünnt ausbringen, siehe Seite 33). Für eine Gabe Frischkompost sind ☞ *Starkzehrer* wie 🎃 Kürbis und 🥒 Zucchini dankbar.

Wer es etwas einfacher haben möchte, findet im Gartenhan-del eine reiche Auswahl biolo-gischer Düngestoffe.

Im Juli

🍅 Tomaten werden jetzt ‚ausgegeizt'. Was das heißt? Damit die Büsche nicht zu dichtes Laub bilden und kräf-tige, sonnenlichtverwöhnte Früchte bilden können, wer-den die Seitentriebe, die sich in den Blattachseln bilden, immer wieder ausgebrochen.

🧅 Zwiebeln werden ge-erntet: Am angewelkten Laub aus dem Boden drehen, eini-ge Stunden auf dem Boden liegen und trocknen lassen. Später luftig lagern oder zu Zöpfen gebunden aufhängen.

Um 🍓 Erdbeeren zu ver-mehren, werden – wie auf Seite 38 beschrieben – die ☞ *Kindel* abgetrennt und eingepflanzt.